「敏感すぎる自分」を好きになれる本

長沼睦雄

JN110339

青春新書
PLAYBOOKS

はじめに——
些細《ささい》なことに敏感に反応してしまう……そんな自分に困っていませんか？

世の中には細かいことを気にせず、好奇心が旺盛で怖さ知らずな人がいるいっぽうで、小さなことを気にしてしまい、ちょっとしたことに敏感に反応してしまう人たちがいます。

話し相手の口元がほんの少し曲がっただけで、相手の心の中にある小さな不快感をそこから感じ取って動揺してしまったり、ちょっとしたことにとてもびっくりしてしまったり……。

本書を手に取ってくださったあなたも、おそらく、些細なことによく気づく、繊細で、敏感な神経の持ち主なのだと思います。そして「小さなことに気がついてしまう過敏な神経」に振り回されてしまい、疲れ果てたり、自分を責めたりしているのではないでしょうか。

実は、このように**「小さなことを気にしてしまう」のは、性格の問題ではなく、「HSP」という生まれ持った気質が根本的な原因である可能性があります。**気質と性格はよく混同されがちですが、異なります。気質とは、動物が先天的に持っている刺激などに反応する神経特性であり、性格は気質からつくられる行動や意欲の傾向のことを指します。

アメリカの心理学者、エレイン・N・アーロン博士もまた、とても繊細で、非常に敏感な神経の持ち主でした。**そのアーロン博士が自身の性質を探り、そして、さまざまな調査や研究を重ねた結果、見い出したのがHSPという心理学的概念です。HSPとは、「Highly Sensitive Person」の略。日本語に訳せば「とても敏感な人」となります。**

アーロン博士の研究から、国や人種を問わず、どの社会にも15〜20％の割合でHSPがいること、さらに、HSPは環境などによる後天的なものというよりは、生得的な気質だということ、そして、ひと口にHSPといっても、その敏感さの内容や程度には幅があり、人によって異なることがわかっています。

敏感さが人間関係などにおける共感性に対して発揮される人もいれば、敏感なセンサーで周囲の出来事や食事に関する変化を鋭敏に感じ取る人もいるのです。

HSPは、些細な刺激にも敏感に反応してしまうため、日々の生活のさまざまな場面で、非HSPであれば気にならないようなことにも過剰に反応してしまい、疲れやすさを感じることがあります。その敏感さゆえに、多くのストレスやトラウマを抱え、生きづらさを感じることが少なくないのです。

また、世の中には圧倒的に非HSPのほうが多いわけなので、HSPは「自分よりも鈍感な人たち」に取り囲まれ、そのルールの中で生きなければなりません。

しかも、その非HSPの中にはHSPを「神経質で、何事にも細かすぎて、気が小さくて、臆病」と思っている人もいるでしょうし、このような周囲の無言の批判を無意識に感じ取ってしまうのが、HSPの特徴です。そのため、多くのHSPは自分を「皆とは違うおかしな人」のように感じて、自分を肯定できずにいます。

けれど、HSPの敏感さは弱さでもなければ、異常でもなく、生まれ持った気質だったのです。**「気にしない」でいられない自分を「ダメな人間だ」「もっと普通にならな**

なければいけない」と、むやみに自己否定する必要はありません。

実はHSPという概念は、日本の医学界ではまだ知られていません。

それでも私はこれまで、診療時にHSPという概念を使ってきました。それは、この概念を使うことで、医学の病気や障害の概念では把握できなかった患者さんの本質を言い表すことができるようになったからです。

本書では、まだ十分に知られていないHSPについて、より詳しく知っていただきたいと思っています。「自分は敏感ではない」と思っている人の中にも、実はHSPであり、その性質に気づいていない人も多いのです。HSPは病気ではありません。そして、その敏感さの程度や内容は人によってさまざまです。そのため、**その性質をよく知り、うまくつき合うコツをつかむことで、ありのままにラクに生きていくことができるようになります。**

第1章、第2章では、HSPの特徴や現れ方を、脳や自律神経の働きなどと絡めて詳しく見ていきます。

第3章、第4章では、敏感さゆえに反応しすぎて疲れてしまう「生きづらさ」をどのように軽減すればよいのか、さらには敏感すぎる自分の特徴を生かすにはどうすればよいのか、その方法についてじっくりご紹介します。

最後の第5章では、非HSPの方が、HSPとどうつき合えばよいのかを考えてみました。

とくに、HSPのお子さん（HSC＝Highly Sensitive Child）を持った非HSPの親御さんや、HSCと触れ合う機会がある非HSPの先生方は、子どもにどう接したらよいのか困惑していらっしゃることでしょう。HSP／HSCとのつき合い方のヒントをまとめた第5章は、HSCを持った親御さんや先生の役にかならず立つはずです。

本書によってHSPへの理解が深まり、敏感さは煩《わずら》わしいものではなく、すばらしい才能であるということを認識していただけたら、そして、ちょっとした心がけやコツを知ることで、疲れやすさや生きづらさを解消していただけたら、著者としてとても有難く、うれしく思います。

十勝むつみのクリニック院長　長沼睦雄

「敏感すぎる自分」を好きになれる本 目次

第2章

過剰な敏感さが「生きづらさ」の原因だった……69

第3章

敏感すぎる自分に振り回されずに生きるには

第4章

敏感な人が陥りやすい15の「困ったこと」の対処法……157

編集協力…横田緑
カバーイラスト…細川貂々
本文イラスト…村山宇希
本文デザイン…岡崎理恵
DTP…キャップス

第1章

5人に1人いる
〝敏感すぎる人〟たち

気にしすぎてしまうのは、「とても敏感な気質」のせいかもしれない

クヨクヨしてしまうのは「弱いから」ではない

人の言葉に過剰に反応したり、大きな音や強い光が苦手だったり……。周囲の環境や出来事に、自分でも「やりすぎだな」と思うぐらい過敏に反応してしまうことはありませんか。

そしてそれを、内向的な性格や、些細なことを気にしすぎてしまう考え方のせいだと思って、自分を責めたり、あるいは、自分の性格を社交的で明るいものに無理やり変えようとしてはいないでしょうか。

実は、世の中には「周囲の出来事や、まわりで起きていることに対して過敏に反応してしまう性質」を持った人たちが一定数いることが、アメリカで行われた研究でわ

かっています。**背が高い、肌が白い……という生得的な特徴と同じように、あなたの持つ「敏感さ」も、生まれ持った気質かもしれないのです。**

環境や周囲の出来事に対して、敏感に反応してしまう気質を持つ人々は、「ＨＳＰ」と呼ばれています。

ＨＳＰとはHighly Sensitive Personの略で、日本語に訳すと「とても敏感な人」となります。

ＨＳＰはアメリカの心理学者、エレイン・Ｎ・アーロン博士が１９９６年に自著の『The Highly Sensitive Person』（邦題『ささいなことにもすぐに「動揺」してしまうあなたへ。』講談社）で提唱した概念です。この本は世界的な大ベストセラーとなり、ＨＳＰという考え方は人々に衝撃を持って迎えられました。

なぜ、ＨＳＰという概念がそれほど衝撃的だったのでしょう。

アーロン博士はその著書の中で、どの社会にも男女問わず、人口の15〜20％の割合で、ＨＳＰというとても敏感な人たちがいることを明らかにしました。さらに、ＨＳＰの敏感さは後天的なものではなく、生まれ持った気質だと断定しています。そして、ＨＳＰが現代社会で不当なほど低く評価されている現実をさまざまな角度から分析し、

ＨＳＰが決して「大らかな人たち」に比べて、劣った人間ではないこと、それどころか、その多くが豊かな感情と感受性にめぐまれ、創造性に富み、高い能力を持った繊細で、深みのある人々だと主張したのです。

アーロン博士の主張は非常に画期的で、それゆえ世界中にいた「自分の中の過剰な敏感さに悩む人々」を救うことができました。ＨＳＰという名前がついたことで、敏感すぎる人たちが自分自身のことを知り、自分の抱えてきた苦しみのわけを知ることができたのです。ＨＳＰという概念が、敏感な人たちの「心の居場所」になったともいえるでしょう。

私が診察をしたある女性は、自分がＨＳＰだと知って、

「どうしてこんなにも生きづらいのかと長いこと苦しんできたけれど、それは私が人よりもずっと敏感だったからなのですね」

と、つぶやき、大粒の涙を流しました。

ＨＳＰという概念を知るまでは、周囲からの刺激に対して、敏感に反応してしまう自分を責めることが多かったけれど、ＨＳＰという概念に出合うことで、敏感さは生まれ持ったものだと知ることができ、これまで自分のことを責めてきた気持ちが一気

に消え、安心感が生まれたのでしょう。

この事例からもわかるように、「ＨＳＰは生まれながらの気質だ」というアーロン博士の主張も、敏感すぎる人たちの気持ちを大きく変えました。

のちほど詳しく説明しますが、**ＨＳＰは敏感すぎるために、小さなことにも過剰に反応してクヨクヨと思い悩むことが多く、また、神経が高ぶりやすいために非常に疲れやすいのです。**そのため、おそらく親や友人などから「意気地なし」「根性がない」「臆病すぎる」などと批判されたり、自分でも自分自身を「弱い、ダメな人間だ」とか「怠け者だ」と責めてしまったりするのです。

でも、**クヨクヨしてしまうことや疲れやすいことは、努力が足りないわけでも、怠けていたわけでもなくて、ＨＳＰという生まれ持った気質のためだと知ることができれば、もう自分を責める必要はありません。**

さらに、アーロン博士は、ＨＳＰの現状を伝えるだけでなく、ＨＳＰならではの利点やＨＳＰの能力を生かす考え方、生き方を自著の中で多く示しました。アーロン博士の言葉によって、これまで短所だと思っていたことが、見方によっては長所になるということにはじめて気づいたＨＳＰの方も多いはずです。

ＨＳＰという概念は、敏感すぎて困っていた人たちを定義するだけでなく、そのような人々が自らを知って自信を取り戻し、胸を張って堂々と生きるためのきっかけをつくり、後押しをしてくれたのです。

ちなみに、アーロン博士によると、ネズミやイヌ、ネコ、ウマ、サルなどの動物たちの中にも、15〜20％の割合でとても敏感な動物がいるのだそうです。なぜ「過剰な敏感さ」という特徴が、人間を含む多くの動物にそなわっているのか、そもそもＨＳＰとはどのような概念なのか……。

本書ではＨＳＰの臨床医としての経験をもとに、ＨＳＰとはなにか、ＨＳＰ気質とどうつき合って生きていけばよいのかを、お話ししていきます。

性格や思考のゆがみでは説明できない「過剰な敏感さ」

日本では、ＨＳＰという概念はまだまだ浸透していません。一般の人ばかりでなく、精神科や神経科、心療内科などの専門医でも、ＨＳＰという言葉さえ知らないことがありますし、たとえ言葉を知っていても、ＨＳＰについての正しい知識を持っていないことがほとんどです。

なぜなのでしょう。それはＨＳＰが敏感になる対象が、音、光、食べ物、人間関係、霊的な現象などと非常に幅広く、非科学的な要素も含んでいるため、ＨＳＰという概念を医学の現場で使うことがむずかしいからです。そのため、ＨＳＰは医学的な概念として認められておらず、その考え方や対処法に関して研究している医師は、少ないのが現状です。

かくいう私も、アーロン博士の著書を知ったのは、本が翻訳出版された２０００年のことでした。

アーロン博士が著書の中で「五感を超えた感覚の過敏性」という感覚の新たな側面に目を向けていることを知り、小躍りするような驚きと喜びを感じたことを、いまだに覚えています。また、ＨＳＰという概念を知ったときには、ずっと探していたものにやっと出合えたという感激の気持ちで、胸がいっぱいになりました。

私はこれまで約25年間、精神科医として、自閉症や多動症、学習症などの神経発達症の子どもたちや、うつ病などの気分障害、不安障害、解離性障害などの精神障害に悩まされている方々を診てきました。診療を続ける中で、患者さんの中には、まわりの出来事や人の気持ちに対して非常に敏感で、さらに直観力にすぐれた方が、病気や障害や年齢を問わず、一定数いることに気づきました。

なぜ、ちょっとしたことに、ここまで敏感になってしまうのだろう……。性格や思考のゆがみでは説明がつかない「過剰な敏感さ」を抱える方々を診察するたび、ずっと不思議でならなかったのですが、アーロン博士の本と出合い、その答えが見つかったのです。

つまり、彼らに共通している「神経系の過剰なほどの鋭敏さ」は、HSPという生まれ持った気質が原因であるということで、すべて合点がいったのです。

その後20年間にわたる独自調査の結果、年齢にもよりますが、診療に訪れる人の10〜20％程度が、HSP気質を抱えていることもわかりました。

もちろん、HSPを神経発達症や精神的な症状と単純に結びつけているわけではありません。

ただ、これまで診療をする中で説明できなかった「過剰な敏感さ」をHSPという言葉が説明してくれ、HSPの概念を使うことで診療がスムーズにいくようになったということはたしかです。

とても敏感な人に共通する5つの特徴

刺激や人の心に敏感で、慎重。直観力が強く、自分の世界を大切にする

HSPはとても敏感な人のこと。では、具体的にはどのように敏感なのか、HSPには敏感であること以外にも特徴があるのか……。より深くHSPを知っていただくために、HSPの特徴を大きく、次の5つにまとめました。

① 刺激に敏感に反応する

HSPは光や音、におい、味、触感といった外からの刺激はもちろん、脳内イメージなどの自分の中から生まれる刺激に対しても敏感に反応します。さらに、HSPの中には他人の気分や感情、化学物質や電磁波、その場の雰囲気や、人や場所が放つエ

ネルギーなどに敏感な方もいます。

②人の影響を受けやすい

ＨＳＰは人の心の動きを機敏に感じ取り、その人の悲しみや喜びに深く共感できるという、すばらしい一面を持ち合わせています。しかし、他者へ過剰に同調してしまい、相手の気分や考えに引きずられ、自分というものをなくしてしまうこともあります。自己と他者を区別する「境界線」が薄い、もしくは脆《もろ》いというのは、ＨＳＰの大きな特徴です。

③直観力があり、ひらめきが強い

五感を超えた超感覚も鋭敏なのがＨＳＰの特徴です。ＨＳＰは鋭い直観力を持ち、第六感が働き、ひらめきが強い傾向があります。このような特性を生かして、画家や写真家など芸術的な職業につくＨＳＰの方も少なくありません。

また、他人から詳しく説明されなくても、なぜか仕事の進め方や、物事の順序がわかるというのは、ＨＳＰの人によくあることだといえます。

④ 慎重で、自分のペースで行動することを好む

敏感さゆえに勘がいいHSPは、危険を察知する力もそなえていて、慎重に行動します。また、職場では、その丁寧な仕事ぶりを評価されることが多いようです。ただし、それはだれにも妨《さまた》げられず、自分のペースで仕事ができる場合に限られ、人に見られていたり、他者から判断や評価をされたり、時間を区切られてせかされたりすると、とたんに緊張して混乱をきたし、頭が働かなくなってしまいます。

⑤ 内的生活を大事にする

HSPには内向的な人が多く、興味関心が自分の内側へ向かう傾向にあります。そのため、物事を深く考える思索的で、内省的な人が多いのも特徴です。豊かな情感と鋭い感性にめぐまれているため、本や映画、音楽、絵画などの芸術を愛し、それらに深い感動を覚えます。

もしかして私はHSPかもしれないと思った方は次のページの「HSPチェックリスト」で、より正確にHSPか否かをたしかめてみましょう。

HSPチェックリスト

次の質問に、少しでもあてはまるのなら「はい」と、
あてはまらないか、あまりあてはまらないときは「いいえ」と答えてください。

自分をとりまく環境の
微妙な変化によく気づくほうだ……………………………はい　いいえ

他人の気分に左右される……………………………はい　いいえ

痛みにとても敏感である……………………………はい　いいえ

忙しい日々が続くと、
ベッドや暗い部屋などプライバシーが得られ、
刺激から逃れられる場所にひきこもりたくなる……………はい　いいえ

カフェインに敏感に反応する …………… はい　いいえ

明るい光や強い匂い、ざらざらした布地、サイレンの音などに圧倒されやすい …………… はい　いいえ

豊かな想像力を持ち、空想に耽《ふけ》りやすい …………… はい　いいえ

騒音に悩まされやすい …………… はい　いいえ

美術や音楽に深く心動かされる …………… はい　いいえ

とても良心的である …………… はい　いいえ

すぐにびっくりする（仰天する） …………… はい　いいえ

短期間にたくさんのことをしなければならない時、混乱してしまう …………… はい　いいえ

人が何かで不快な思いをしている時、
どうすれば快適になるかすぐに気づく
（たとえば電灯の明るさを調節したり、席を替えるなど）……はい　いいえ

一度にたくさんのことを頼まれるのがイヤだ……はい　いいえ

ミスをしたり、
物を忘れたりしないようにいつも気をつける……はい　いいえ

暴力的な映画やテレビ番組は見ないようにしている……はい　いいえ

あまりにもたくさんのことが
自分のまわりで起こっていると、不快になり神経が高ぶる……はい　いいえ

空腹になると、集中できないとか
気分が悪くなるといった強い反応が起こる……はい　いいえ

生活に変化があると混乱する……はい　いいえ

デリケートな香りや味、音、音楽などを好む……………… はい いいえ

動揺するような状況を避けることを、普段の生活で最優先している……………… はい いいえ

仕事をする時、競争させられたり、観察されていると、緊張し、いつもの実力を発揮できなくなる………… はい いいえ

子供のころ、親や教師は自分のことを「敏感だ」とか「内気だ」と思っていた……………… はい いいえ

12個以上に「はい」と答えたあなたは、おそらくＨＳＰです。ただ、たとえ「はい」が1つしかなくても、それが非常に強い傾向にあれば、ＨＳＰである可能性があります。

『ささいなことにもすぐに「動揺」してしまうあなたへ。』エレイン・N・アーロン著　冨田香里訳（ソフトバンククリエイティブ）より作成

特徴① 刺激に敏感に反応する

五感や第六感が敏感な分、ストレス反応も大きくなる

ここからは、HSPについてさらに理解していただくために、先に示した5つの特徴の1つひとつについて、詳しく解説していきます。まずは「刺激に敏感に反応する」という特徴です。

HSPはさまざまなものに敏感に反応します。**視覚、聴覚、嗅覚、味覚、触覚のいわゆる五感ばかりでなく、五感を超えた感覚にも敏感であることは、HSPの大きな特徴といえる**でしょう。人間は五感や第六感や体の感覚を通して、刺激をキャッチしています。目に映った像、聞いた音、嗅《か》いだにおい、食べ物の味、触れた皮膚感覚、さらには目には見えない物質や霊的なエネルギー、内臓や筋肉（膜）や関節の感覚な

ど、さまざまな刺激の総体として、自身や世界を認識しているわけです。
HSPは人より敏感な感覚を持っているために、刺激をより強く、詳細で鮮明にキャッチできるのですが、その分、それによるストレス反応も大きくなりがちだといえます。
たとえば、聴覚であれば、ほかの人たちが気づかないような小さな音が気になりますし、突然大きな音がしようものなら、飛び上がるほど驚いてしまうはずです。
そのため、人の集まる雑踏やパーティ会場などにいるだけで、自分でも気づかないうちに膨大な量の刺激を溜め込んでしまい、それが過剰なストレスになることも多々あります。話し声や足音、グラスや食器のあたる音などが、ＨＳＰにとっては、耐えがたい騒音になってしまうのです。

また、多くのＨＳＰは五感から感じられる外からの刺激だけでなく、体の内側から生まれる刺激に対しても敏感で、腹痛や頭痛、疲労感や倦怠感など、体の中で発生するさまざまな痛みや疲れも、非ＨＳＰよりも感じやすくなります。

もちろん、ＨＳＰだからといって、五感や第六感などすべての感覚が敏感に反応をするわけではありません。五感すべてが敏感なＨＳＰもいれば、聴覚だけに突出した敏感さを持っているＨＳＰもいますし、目に見えないエネルギーだけに敏感なＨＳＰもいます。**同じＨＳＰであっても、人によって敏感さが現れる感覚も、その程度も異なるため、自分がＨＳＰかもしれないと思う方は、敏感に反応してしまう刺激はなにかを、知ることが重要なのです。**

過剰に敏感なのは、脳内の情報処理能力が高いから

では、このようなＨＳＰ特有の感覚の敏感さはどこから生まれるのでしょう。

私たちは、刺激に対する知覚は自動的に起こっていると思いがちですが、刺激に対

して意識や注意を向けなければ、刺激を感覚としてしっかりと受け取れません。「心ここに在らざれば、視れども見えず、聴けども聞こえず」というわけです。

HSPは、生まれ持った神経の性質として神経が高ぶりやすく、**不安や緊張がほかの人よりも強い傾向にあるため、無意識のうちに受けた刺激に意識や注意を向けてしまいやすく、知覚が敏感になりやすい**と考えられます。

また、感覚の敏感さには、脳内の情報処理能力が大きく関わっています。**感覚が鋭いHSPの多くは、この脳内の情報処理能力がきわめて高い**と考えられます。

目や耳、鼻などの感覚器官で受け取った

光や音、においなどの感覚情報は、それぞれに決まったルートを通って、脳の特定の場所へ伝えられます。その過程で情報処理がなされることにより、はじめて「あ、ネコがいる」とか、「救急車のサイレンの音がする」とか、「このにおいはシチューだな」などと認識することができるのです。

HSPの脳では、感覚器官で受けた刺激を脳内で、高度に複合的に、かつ、無意識に情報処理していると考えられます。そのため、目や耳などから入った膨大な刺激の多くを豊かに認識することができるのです。脳における、このような感覚の情報処理能力をそれぞれ脳内聴力、脳内視力、脳内嗅覚……と、私は呼んでいます。

脳内聴力や脳内視力などがすぐれていて、しかも受け取る情報が多ければ、日常の中の小さな変化にもすぐに気づくことができます。

たとえば、商談相手と会った瞬間に、その人の声の調子がいつもと少し違うことに気づいたり、壁の額がいつもよりわずかに曲がっていることが、部屋に入った瞬間にわかったりするのです。

いっぽう、非HSPはHSPに比べて、感覚情報の取り入れも、脳内での情報処理も大まかだといえるでしょう。つまり、見ているようで、実際には見ていない、聞いているようで、実際には聞いていない……といった状態なのです。

このような状態であれば、小さなことには無頓着でいられれ、こまごましたことに煩わされることも少ないでしょう。細かいことも見逃さず、いろいろなことに気づく敏感さはHSPのすぐれた点ではありますが、その分、脳内の情報処理も過剰になり、脳も心も疲れやすくなってしまうのです。

敏感だからこそ、異変や異常をだれよりも早く察知できる

HSPの中には、特定の食品に対して敏感に反応する人もいます。そういった人たちはカフェインなどの刺激物、防腐剤や化学調味料などを口にすると、胸がむかついたり、お腹を壊したりといった反応を起こしますし、そこまではっきりとした症状が現れなくても、なんとなく体調がすぐれないといった状態が続いたりします。

食品だけでなく、大気汚染や、川や海の汚染などにも体が反応して、頭が痛くなったり、熱っぽくなったりするなど、体調を崩してしまう人もHSPには少なくありません。また、携帯電話や電化製品の放つ電磁波に過敏に反応する人もいますし、薬にも敏感で、ごく少量で効いたり、副作用が強く出たりする人もいるのです。

このように刺激を鋭敏にとらえ、その中で少しでも人体にとって危険なもの、よくないものがあれば、それをいち早く察知できるのは、HSPの大きな特徴です。

こうしたHSPの特徴は、ときに「カナリア」にたとえられます。

ひと昔前、炭鉱においてカナリアは、有毒ガスの早期発見のための警報として使われていました。炭鉱の中では有毒ガスが発生しやすく、ガスが充満すると爆発が起きます。カナリアはその有毒ガスがわずかでも発生したら、はげしく反応する敏感な生き物なのです。そこで、坑夫たちはカナリアを入れた鳥かごをぶら下げて坑内へ入っていき、そして、カナリアに異変があればすぐに外へ脱出していました。

HSPは炭鉱におけるカナリアのように、地球上で起きている異変や異常をいち早く感じ取り、そして体に変化をきたします。化学調味料や農薬や大気汚染などにHSPが鋭く反応して体調を崩すということは、それらが人間という生き物にとって危険な存在であることへの警告とも考えられるのです。

人口全体に対して20%ほどいるHSPのおかげで、これまでに人類は危険や異常をいち早く察知することができ、現在まで種を保存できたのかもしれません。

特徴② 人の影響を受けやすい

HSPは、他人の気分にはげしく左右される

HSPの多くは、表情や声の調子の小さな変化などから相手の気持ちを読み取ることに長《た》けていますし、また、複数の人たちがいる場所でも、そこに足を踏み入れた瞬間に、その場に流れる空気を察知できたりします。このような「特技」は、HSPの生まれつきの鋭敏な神経と、そして、豊かな感受性の賜物《たまもの》といえるでしょう。

さらに、HSPには、敏感さのほかにも**「とても良心的である」**という特徴があります。

この**HSPの良心的なやさしさと、生来の敏感さがあいまって相乗効果を生み、H**

SPは他人の気持ちにスーッと寄り添い、深く思いやることもできます。このように他者に共感できることを「共感性」と呼び、そして、この共感性の高さもHSPの特徴の1つなのです。

ただ、HSPはその強い共感性ゆえに周囲にいる人がマイナスの感情を抱いていれば、そのマイナスの感情にとことん引っ張られてしまいます。

HSPの多くは、よくも悪くも、周囲の人の気持ちに大きく左右されやすいといえるでしょう。

自分の中に相手が入り込んでしまう「過剰同調」に陥ることも

HSPの多くは、相手の心の変化を敏感にキャッチして、喜びや悲しみといった相手の感情に深く共感する能力が高いです。けれど、HSPの中には共感性が高いというレベルを超え、周囲の人に対して、過剰に同調してしまう人も少なからずいます。

このような状態は「過剰同調」といわれ、共感性とは似て非なるものです。

共感性は相手の気持ちや感情、考え方に「共鳴」する状態です。心療内科医で、カ

ウンセラーでもある森津純子先生は、共感する心の動きを「音叉《おんさ》」にたとえています。
同じ周波数の音叉を2つ並べた状態で、片方を鳴らすと、もう1つの音叉も、鳴っている音叉に共鳴するように音を出します。これが共感です。
このとき、当然ですが音叉はそれぞれの距離を保ったまま、それぞれに音を出すわけです。そのため、あくまでも1つひとつは独立した存在であり、共鳴はしても、いっぽうが他方に同化して一体となることはありえません。
これに対して、**過剰同調は自分の中に相手がくっついたり、重なったり、入り込んでしまう状態をいいます。**

私が診察をしたＨＳＰの方々は、このような状態を「相手の心が自分の中になだれ込んでくる」とか、「自分の中に相手が、水が上から下に流れるように入ってくる」といった表現で説明してくれました。ときに圧倒的なパワーで、ときに静かに、ゆっくりと確実に、防ぎようもなく、相手の心が自他の境界線を越えて入り込んできてしまうというイメージなのでしょう。そして、そうなったら最後、相手の考えや思いに同調し、心や体が反応してしまうのです。

では、このような過剰同調といった現象は、いったいなぜ起きるのでしょう。それは自分と他人との間に当然あるべき「境界線」がないか、あってもとても薄いためだと考えられます。

私たちは、自分と他人との間に目に見えない境界線を持って生きています。この境界線があるおかげで、相手の考えや心を自分の中に過度に入り込ませないですむのです。こうして私たちは自分自身を無意識のうちに守っています。

境界線は「自分は自分、他人は他人」という自他をへだて、区別するものです。ＨＳＰの大きな特徴に、他者と自分の間の境界線が薄いということもあげられます。境界線を強く持たないからこそ、他人の心の動きに敏感に反応することができるのですが、この境界線の薄さがあだとなり、他者の考えで自分の心の中がいっぱいになってしまう過剰同調を生み出してしまうこともあるのです。

自分を守る境界線が薄くなってしまう理由

境界線は成長の過程で自ら手に入れていくものですが、HSPは境界線をうまく築けないことが多いのです。

生まれたばかりの赤ちゃんは、まだ、境界線を持っていません。右脳が優位で左脳の言語機能がまだ十分に育っていないのですから、自他を区別しようがありませんし、また、お乳を飲ませてくれて、おむつを替えてくれるお母さんとは、境界線なしの一心同体の関係であることを、赤ちゃんは本能的に感じています。

2歳半頃になると、自分の感情や感覚の認識がしっかりしてきて子どもの心に、「お母さんと自分は別々の人間なんだ」という意識が芽生えてきます。これが「自我の目覚め」「境界線の確立」です。この自我が目覚める2歳半頃を中心に、自己主張期を迎えます。その後、さまざまな経験をする中で自分という感覚や意識がさらに育っていき、それと同時に、自己と他者を区別する境界線もハッキリしてくるのです。

ところが、生来の気質や、神経発達の弱さ、自己主張できない環境などによって、自己と他者を区別する境界線をうまく育てることができないと、境界線が壊された大人になってしまいます。そして、HSPの中には、そのような人が少なくないのです。

第2章で詳しく説明しますが、HSPはとても敏感な分、親の些細な言葉や態度に傷つきやすく、さらに相手の心を慮《おもんぱか》るばかりに、自分が抱いた負の感情を処理できずに、トラウマ（心の傷）を抱えてしまうことがあります。

すると、負の感情をさらに表に出しづらくなり、自分を肯定し、自信を持つこともむずかしくなります。

自我を育てるには、負の感情も含めた自分のすべての感情や感覚を肯定できる「自己肯定感」や、自分の意見を他者へ伝える「自己主張の経験」が不可欠ですが、トラウマによって自己肯定感が低くなり、自己主張ができなければ、自我を育てることも、境界線をうまく築くこともむずかしくなるのです。

境界線は相手との距離を保ち、他人を侵害したり、されたりしないために〝嫌だ〟と言って自己を守るための防御壁です。そして、その境界線に守られた心の中には、

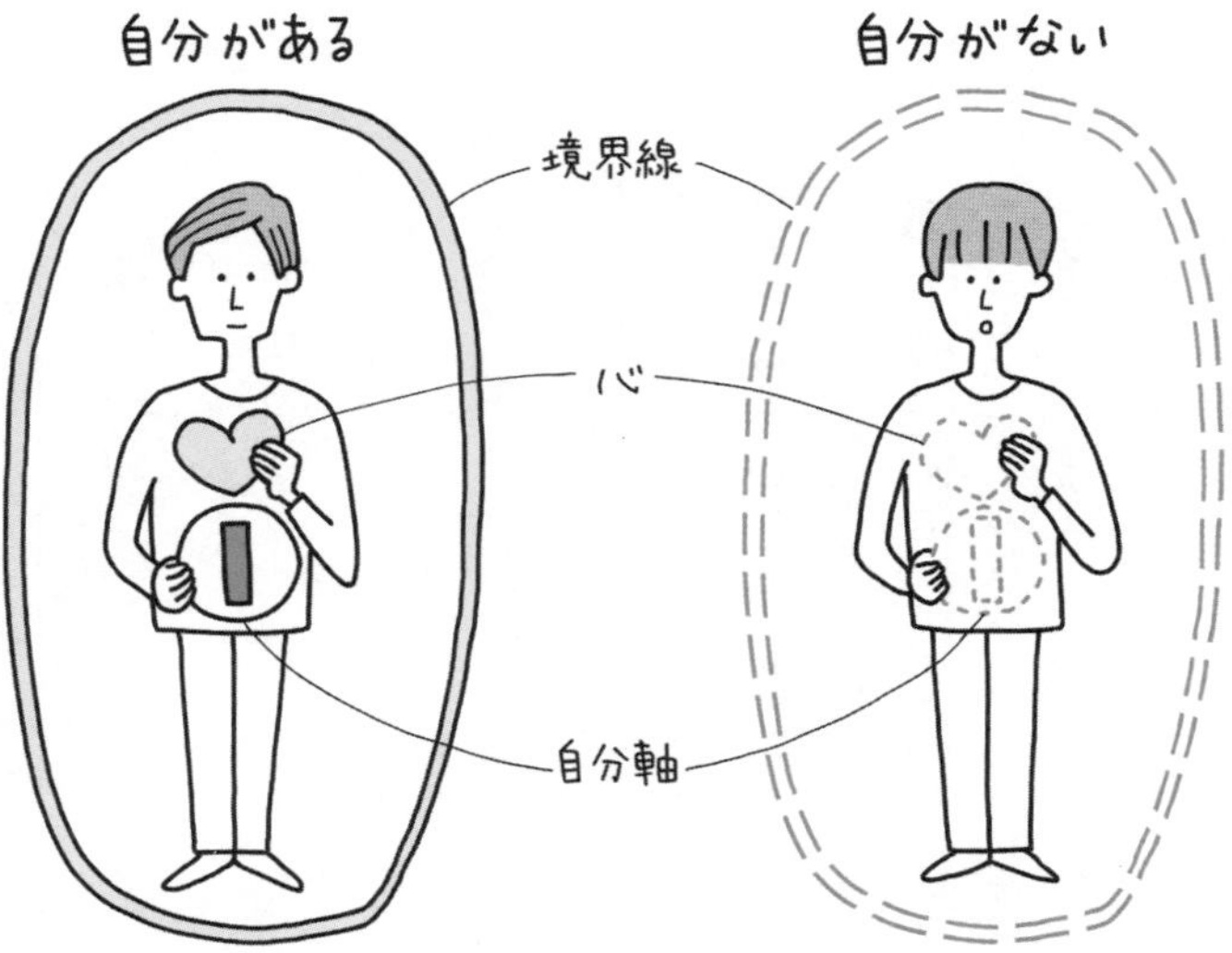

自分を優先して大切にするための「自分軸」が必要です。これがなければ、心の中は〝……したい〟という主体的な思いのない、いわば「空っぽの状態」になってしまいます。境界線が破壊され、自分軸が立っていなければ、他者が自分の心の中に容易に侵入できることはいうまでもないでしょう。

もちろんＨＳＰだからといって、全員が他者との境界線を持てず、過剰同調に陥りやすいわけではありませんが、ＨＳＰの方はもともとの性質として、非ＨＳＰの人よりも他者との間に境界線を引くのがむずかしい傾向にあるのです。

特徴③
直観力があり、ひらめきが強い

考えなくても瞬間的に本質がわかる

ＨＳＰに共通する特徴として、「すぐれた直観力を持っている」ということもあげられます。直観にはさまざまな意味がありますが、本書では、**直観を「考えなくても瞬間的に本質がわかる機能のこと」と定義します。**

たとえば、会議で２つの案が出されたとします。それぞれの案を理解する前に、どちらが本質的にいいかピンとわかる人は、直観力が強い人です。また、社内で男女が、ただすれちがっただけなのに、それを見た瞬間に「あ、この２人は恋人同士だ！」と、なぜかピピッと感じる人がいます。その直観通り、半年後に２人はめでたく婚約したりするわけです。

一般的に人は、いろいろな判断材料をもとに考えたうえで、結論を導き出しますが、**直観力の働く人は、推測も判断も飛び越え、それらを「中抜き」して、いきなり結論に到達することができます。**もちろん、間違えることもありますが、「HSPの直観は正しいことのほうが多い」とアーロン博士は、著書の中で述べています。

それにしても、なぜ考えなくても、瞬間的に本質がわかるのでしょう。

実は直観の働きと脳の仕組みは深く関係しています。私たちは、自分の中にある意識下の世界の中に、過去の膨大な記憶をすべて納めています。その膨大な量の記憶にアプローチし、その中から適切な情報を抽出して結論を導き出す機能が、直観だと私は考えています。

1度起こした失敗を何度もくりかえさないようにすることができることからもわかるように、私たちはこれまでの人生で蓄積してきた記憶をさまざまに活用して、日々暮らしています。

けれど、実はそれらの記憶は、実際に私たちが持っている記憶のごく一部、氷山の一角にすぎません。氷山の下の大海には、豊かな意識下の世界が広がり、そこには過去の膨大な記憶が眠っているのです。**脳は1度でも見たり、聞いたり、触れたり、味わったり、嗅いだりしたものの記憶を決して捨てることはしません。**脳にうっすらとでもその痕跡をかならず残し、そして、それらを意識下の世界に記憶としてしまい込んでいるのです。私たちの脳は消去不可能なメモリーを持っているわけです。

そのため、意識下の世界には、これまでの、忘れたはずの記憶がぎっしりと詰まっています。それだけではなく、お母さんのお腹の中にいた頃の記憶もしまわれているはずですし、もっといえば、アメーバから38億年かけて進化してきた私たち人間には、その進化の過程で獲得してきたすべての遺伝子情報が、なに1つ捨てられることなく、刻まれているのです。

これら、**意識下の領域に沈んでいる記憶や情報を「潜在記憶」と呼びます。**

直観とは、ある状況に遭遇したとき、意識下の領域に蓄えられた膨大な潜在記憶の中から、その状況に関連した情報を瞬時のうちに選び出して答えを見い出す機能であり、鋭い直観力の持ち主は、おそらく意識下と意識の世界を自由に行き来できて、しかも、潜在記憶の中を検索することに長けた脳を持っているのでしょう。

直観力には、命を守る力もある

20世紀を代表するフランスの写真家、アンリ・カルティエ＝ブレッソンは数多くのスナップ写真を撮っていますが、どの写真も構図といい、アングルといい、完璧としかいいようのない作品です。昔、彼がテレビに出ていたのを見たことがあります。彼はシャッターを押すときに、まったく迷わないそうです。瞬間的に「ここだ！」と感じて、シャッターを押すと、完璧な写真が撮れてしまうのです。おそらく、意識下の世界からの鮮明な声を聞くことができるのだと思います。

美に対する並外れた直観力にめぐまれていることは、すぐれた芸術家の条件です。そして、HSPの多くも鋭い直観力を持ち、第六感が働き、ひらめきもあります。HSPがクリエイティブで芸術的な仕事に向いているとよくいわれるのも、1つにはこのすぐれた直観力のためでしょう。

ところで、HSPの中には、食べ物を口にしようとした瞬間に、なぜか嫌な予感がして、その食べ物が傷んでいることがわかる人がいます。これも鋭い直観力のなせるわざです。危険を察知する動物的で本能的な反応であり、進化の過程で獲得した生き物としての記憶を、意識下の世界から瞬時に取り出してきた結果だと思います。

英和辞書で「instinct」という言葉を引いてみてください。①は「本能」とあり、次の②には「直観」とあるはずです。**HSPの多くが誇る直観力は、命を守るための本能と「地続きの機能」とも考えられるでしょう。**

HSPの中には「超能力的な力」を持つ人もいる

HSPとひと口にいっても、その敏感さが現れる対象も、その程度も人によって異なります。私が診療の中で出会った、HSPの中でもさまざまな過敏さが複合している「超」過敏なレベルに属するような子どもたちは、幼児期から、だれにも教わらないのに人間や人生や命のことが直観的にわかったり、胎内や出産時の記憶があったり、生まれてからのことを詳細に覚えていたりしました。それだけではなく、前世の記憶を覚えていたり、生まれる前の中間世を思い出したり、幽霊や妖怪が見えたり、架空の友人がいたり、重要なときに導いてくれる声が聞こえたりする子どもたちもいたのです。ちなみに**敏感な子、HSPの子どもをHSC（Highly Sensitive Child の略）と呼びます。**

疑り深い人だと、「そんなのはつくり話さ」とか「想像と現実の区別がつかなくなっているのだろう」「親から聞いた話を自分の記憶だと思い込んでいるだけ」などと言って、信じないかもしれません。

でも、世の中には、5000冊の本に書かれている文章をすべて暗記していて、その5000冊の中にある文章のすべてを話すことができるという、とんでもない能力を持った人も現にいました。このことを思えば、胎内での様子をはっきりと覚えていることなど、驚くほどのことではないかもしれません。

しかも、先ほどお話ししたように、脳は消去不可能のメモリーを持っているのです。つまり、消去不可能なメモリーという事実から、このことは説明がつくかもしれません。つまり、お母さんのお腹の中の記憶も、赤ちゃんのときの記憶も意識下にしまってあって、普通はそれらの記憶が意識上に現れることはまずないわけですが、脳の一部がほかの人とわずかに違っているために、意識下の世界にあるはずの記憶が意識上にとどまりつづけ、「氷山の一角」に顔を見せているということも考えられるのです。

また、日本はもちろん、世界中で大地震が起きるたびに、体が大地震を「予知」するかのように、具合が悪くなり寝込んでしまう超過敏なHSPの方もいます。「そんなの、ただの偶然でしょ」という声が聞こえてきそうですが、脳は五感の情報処理をするだけでなく、見えないエネルギーを情報処理する装置でもあるので、不思議なことではありません。

たとえば、ＨＳＰの中には地上を飛び交う電磁波に反応して、体調を崩す人たちが少なくありませんが、これは電磁波というエネルギーを脳が処理した結果でしょう。ＷＨＯ（世界保健機関）も、２００５年に、科学的根拠は説明できないものの「電磁過敏症」の事実を認めています。

地震に話を戻しますと、地震が発生する前に、なんらかのエネルギーが地上に放出されるのかもしれません。先に紹介したＨＳＰの方の脳はそのエネルギーを感じ取ってしまい、そのせいで寝込んでしまう可能性も考えられます。いずれにしても、**ＨＳＰの中にはその過敏さゆえに、五感を超えたさまざまな感覚を持っている超能力的な人たちがいる**ということまでは、否定できないのではないでしょうか。

科学が解明しているのは、いまだごく一部の真実でしかありません。それなのに、超感覚の存在を科学で説明できないとして、頭ごなしに否定することは、目に見える物質を超えた働きや機能を謙虚に見ようとしない傲慢《ごうまん》な態度に思われてなりません。

特徴④ 慎重で、自分のペースで行動することを好む

HSPの疲れやすさは、自分を守るための機能

感覚が鋭敏なHSPは些細な刺激にも鋭く反応しますし、人の気持ちがわかるだけにいつも細かく気を使い、また、その場の空気を読み取ろうと、常に神経を張りつめています。そのため、HSPは非HSPに比べて、どうしても疲れやすいのです。

遊びにしろ、仕事にしろ、大勢の人たちに会って話をしたり、乗り物を乗り継いであちこちを移動したりといった忙しい日々が続くと、HSPは頭も体もすっかり疲れてしまい、刺激の少ない場所が恋しくなります。

つまり、1人でゆっくりできる場所、人目のない空間などに逃げ込みたくなるのです。これもHSPの大きな特徴の1つといえます。

では、このように過剰な刺激というストレスを受けつづけていると、体にはどのような変化が現れるのでしょう。まずあげられるのが、自律神経のバランスが崩れてしまうことです。自律神経には、緊張時や活動時に活発になる交感神経と、休息時に活発に働く副交感神経、心臓の交感神経にブレーキをかける背側迷走神経がありますが、長い間ストレスにさらされると、交感神経ばかり活性化することになり、自律神経の本来のバランスが崩れていきます。

さらに、交感神経が活性化すると、アドレナリンとコルチゾールという2種類のストレスホルモンが分泌されます。中でも副腎皮質から分泌されるコルチゾールが長期間出っ放しになると、眠れなくなりますし、また、長期記憶をつかさどっている脳の海馬を萎縮させる可能性も指摘されています。過度なストレスはさらに、内分泌機能や免疫機能を低下させることも認められているのです。

しかし、ストレスがかかることは、悪いことばかりではありません。適度なストレスは、ほどよい緊張状態をもたらし、学習効果を上げるという調査結果もあります。ただ、ここで注意したいのが「適度なストレス」という言葉です。ストレスの受けとめ方は、人それぞれ異なります。同じような出来事が起きても、まったくストレスを感じない人もいれば、強いストレスを感じる人もいます。**ストレスの感度は、きわめて主観的なものであり、HSPは気質的にストレスを感じやすく、「適度なストレス」の範囲も狭い**といえるのです。つまり、ストレス耐性が低いわけです。

こうして考えると、人一倍敏感なHSPが、多忙な日々を送ると、疲れはて一刻も早く1人になりたいと切望するのは、当然のことでしょう。それは、自分の心と体を守ろうとする自己防衛本能の表れなのです。

脳内の行動抑制システムが、慎重さを生み出していた

なんの仕事であれ、HSPに頼めば、まず間違いないでしょう。HSPは仕事を引き受けた以上、いい加減なことはしない傾向にあります。すみずみまで目を配り、丁寧に見直すため、その仕事はミスが少なく正確です。

HSPがこのように丁寧な仕事をする理由の1つには、すでに書いたように、良心的であるというHSPの特徴があげられます。早い話が、HSPの多くはうまく手を抜いたり、いい加減なことができない気質でもあるのです。

そして、もう1つ、このような仕事ぶりには脳のシステムも大きく関わっていると思われます。**人間は脳の中に行動活性システムと行動抑制システムの2種類を持っています。**行動活性システムは車にたとえればアクセルにあたり、このシステムが活性化しているときには、未知なもの、新奇なものへ強い好奇心を抱き、ときに衝動的で、無謀な行動に突き進むこともあります。

いっぽうの行動抑制システムはブレーキに相当します。行動抑制システムが活性化している場合は、不安や恐怖が強くなり、何事においても慎重で、少しでも危ないと思ったら、行動に移すことはありません。過去の経験と照らし合わせ、行動に移したらどうなるかという先のことも十分に考えて結論を出します。

私たち人間は、この2つのシステムをバランスよく使いながら、日々、行動していますが、**HSPでは行動抑制システムが優位に働く傾向にあります。**そのため、たとえば取引先からの依頼などでも、期日が迫っていたり、難航が予想されたりする仕事には臆病なほど慎重になります。この仕事を受けようか、断ろうか、と迷いに迷うわけです。そして、この先待っているであろう、さまざまな困難を考慮し、スケジュールのやりくりも考えたうえで、「できる」と判断したとき、はじめてその仕事を受け

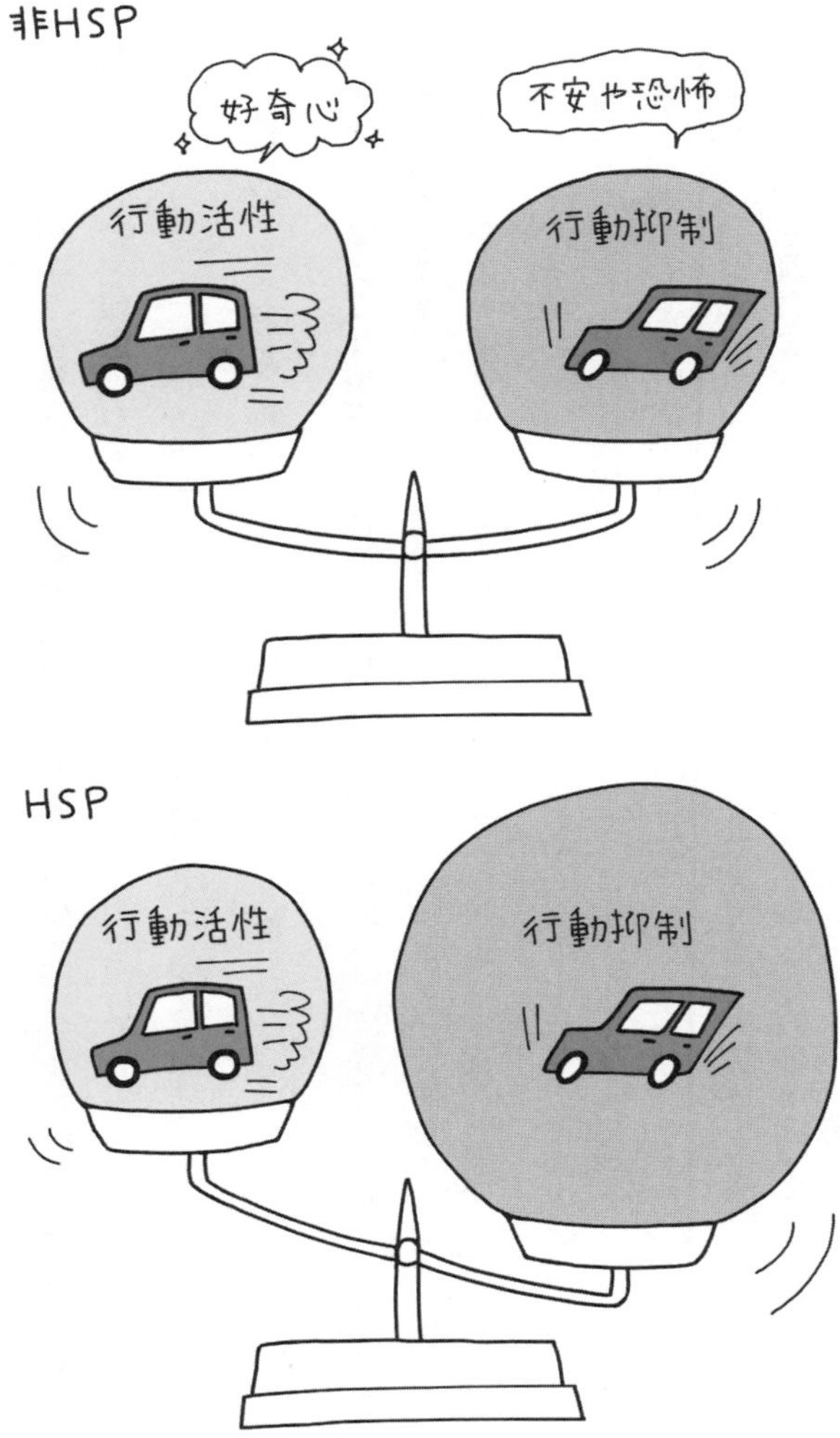

非HSP
好奇心
不安や恐怖
行動活性
行動抑制
HSP
行動活性
行動抑制

ます。そのため、多くの場合、完璧に仕事を完了することができるのです。

ただ、**このようなHSPの行動抑制システム優位の状態は、ときにHSPの行動を慎重すぎるほど慎重にしてしまいます。**そのため、「丁寧だけど、仕事が遅い」「あまりに臆病すぎる」「思いきりが悪い」という評価を他者から下されることもあるのです。

HSPが、実力を発揮するために大切なこと

丁寧で、誠実な仕事ぶりがHSPの長所ですが、そのいっぽうで、HSPには特有の弱さもあります。つまり、自分のペースで、1人コツコツと仕事をすると、持っている力を十分に発揮できるのですが、そばで仕事ぶりを見られていたり、時間を区切られてせかされたり、あるいは、短い時間に仕上げなくてはならない仕事を多く抱え込んだりすると、とたんに緊張して、頭が思うように働かなくなるのです。

ストレスに対する耐性が低いのが、HSPの特徴でした。

過剰なストレスがかかると、脳ではストレスに反応するノルアドレナリン神経系が活性化し、それによって、アドレナリンやコルチゾールなどのストレスホルモンが分泌されます。これらが分泌されることで、思考をつかさどる脳の前頭葉の働きが抑え

られてしまうのです。

また、適度なストレスであれば、脳の血流が増えて、脳の認知機能が活性化し、頭の働きがよくなるのですが、極端にストレスがかかりすぎると、脳の血流は適度なレベルを超え、増えすぎてしまいます。血流が多ければ、それだけ脳が活性化しそうなものですが、血流が増えすぎれば逆に、脳の認知機能は低下してしまうのです。よくある、緊張しすぎて頭が思うように働かないという状態が、これにあたります。

さらにストレスがかかりつづけると、背側迷走神経がシャットダウンし、体まで働かなくなります。そして、パニックに陥ったり、頭が真っ白になったりするのです。

上司が仕事をのぞきこんだり、「あと1時間で仕上げてください」などとプレッシャーをかけてきたりすると、HSPにはそれだけで大きなストレスとなります。

そして緊張のあまり、脳にどっと大量の血液が流れ込み、頭が働かなくなってしまうのです。

HSPは何事においても、周囲に心をかき乱されることなく、自分のペースで慎重に、ゆっくりと物事を進めることに心地よさを覚え、そして、そういう環境でこそ、その力をいかんなく発揮できるといえます。

特徴⑤ 内的生活を大事にする

HSPの7割が内向型人間である

HSPの提唱者、アーロン博士は、参加者全員がHSPである集会で講演をしたとき、会場が心地よい静けさに包まれていたことに感動しています。

たしかに、私が診療を通してお会いしたHSPの方々も、その多くが物静かで、どこかひっそりとした風情を漂わせていました。アーロン博士は著書で、HSPの7割が内向型だといっていますが、このことがおそらく「心地よい静けさ」や「物静かな雰囲気」に関係しているのだと思います。

深層心理学者のユングは人間の性格を外向型と内向型の2つのタイプに分類し、興

味や関心が社会の事物や、他人などの客観的な面に向かうのを外向型、自分の内面などの主観的な面へ向かうのを内向型としました。

外向型の人間は新しくできたお店や流行、噂話、ニュースなどに興味を持ちます。いっぽう、HSPの7割を占める内向型の人たちは、そのような「外界」にはあまり関心がなくて、それよりも、人生や生き方、人の心理、生や死といった、人間のより本質的な側面にひかれ、それらについて深く考え、掘り下げることに喜びを感じます。内向的な人間、つまりHSPの多くの人は、1人で過ごす時間をこよなく愛し、そのような時間に空想や想像の翼を広げ、心を遊ばせたりします。彼らは思索的で、内省的で、想像力豊かな人たちなのです。

先に、HSPは痛みや疲労などの体の内部の刺激にも敏感に反応するということをお話ししました。体の中から生まれる刺激は、痛みや疲労だけではありません。**思考やイメージなどの脳内から生まれる刺激にも、HSPは敏感に反応する**と考えられます。HSPは自分の中のさまざまな刺激にも敏感に反応できるからこそ、内向的な性格になることが多いのかもしれません。

ところで、外向型と内向型の２つのタイプが最もきわだった違いを見せるのは、おそらく「はじめての場所、人、場面」に遭遇したときの態度でしょう。

外向型は、はじめての場所でも躊躇《ちゅうちょ》することなく入っていき、初対面の人とも適当に会話をして、軽やかに会場の中を行き来し、その場の雰囲気に溶け込むことができます。

それに対して内向型のＨＳＰは「はじめての空間で、適当に会話を楽しむ」ということは苦手です。初対面の人の前では、笑顔さえもひきつってしまうでしょう。しかし、何回か同じ会に出て、会場の雰囲気や人に慣れてくると、リラックスした態度で会話にのぞめるようになります。すると、その口からは、ときに、味わい深い言葉がさりげなく発せられたりして、しだいに周囲の人々の心を引きつけていくことも珍しくありません。

それは、ＨＳＰが物事を深く考える習慣を持ち、豊かな内面を育んできたことから発せられる魅力だといえるでしょう。**このような内面の豊かさは、初対面での適当な会話でわかるような類いのものでは決してありませんが、親密な人との会話やリラックスできる空間であれば、その魅力を存分に発揮することもできる**のです。

「感動する才能」が、人生を豊かにする

ＨＳＰの多くは、音楽や絵画、小説や詩、映画などを愛し、ときには、それらから魂をゆさぶられるような深い感動を得ることができます。

敏感な五感や鋭い直観力、豊かな感受性や共感性といったＨＳＰの特性が、美しいものや人生の真理に強く反応し、共感するためでしょう。ＨＳＰは「感動する才能」の持ち主でもあるのです。

宝石のような美しい言葉がちりばめられた文章に感動し、幻想的で耽美《たんび》的な絵画に感動し、それとは対照的な、痛ましいほどに病んだ心がそのまま絵になったような作品に感動し、美しいメロディにも、たたきつけるようなはげしいドラムのリズムにも感動する……。

人よりも何事にも敏感なセンサーを持つＨＳＰは、感動という目に見えないけれど、たしかに存在する心の作用を、人生で数多く経験できるといえます。

そして、感動するたびに、その刺激を受けて内面の世界はより豊かになり、より深みを増すことでしょう。

HSPの中にも、刺激を求める人たちがいる

繊細だけど、スリルを求める「HSS型HSP」とは

HSPの特徴について、さまざまな角度から見てきましたが、これまでにご紹介してきたHSPの特徴からはずれてしまう「異端児」が、HSPの中にいます。それが「HSS型のHSP」です。

先ほど、HSPの7割が内向型人間だといいました。それでは、残りの3割はどうなっているのか、気になっていた方もいらっしゃるでしょう。残りの3割がこのHSS型のHSPなのです。

HSSとは「High Sensation Seeking」の略で、「刺激を大いに追い求めること」と訳せます。HSSは、心理学者のマービン・ズッカーマンが提唱した概念で、変化

に富み、新奇で複雑かつはげしい感覚刺激を求め、その経験を得るためにはリスクを負うこともいとわない気質的特性です。スリルや新しい経験の追求、退屈しやすさなどが特徴としてあげられています。これもHSP同様、生得的な気質とされ、ユングの性格分類では外向型にあてはまるといえるでしょう。興味関心が外の世界へ向かい、好奇心がきわめて旺盛なタイプです。

HSSは社交的で、めったに物おじしませんし、行動活性システムが優位に働くことが多いことから、冒険を好み、衝動的で、危険を冒すこともいといません。何事にも飽きっぽく、また、さほど敏感ではなく、物事の細かいところには気がつきませんし、微妙な違いといったものには興味を示しません。

では、**HSS型のHSPとはどのようなものなのでしょう。これは、HSPの中核である敏感さと、HSSの好奇心旺盛で、外向的な特性、その2つの特性を同時に兼ねそなえた人たちのことです。**

具体的に説明してみましょう。HSS型のHSPは、HSSの特徴をあわせ持っているので、好奇心が旺盛です。そのため、豊かな田園風景の広がる田舎よりも、刺激に満ちた都会を好む傾向にあります。

でも、ＨＳＳ型のＨＳＰは、同時にＨＳＰの特徴も兼ねそなえているために、街を歩いていても、とにかく細かいことにいちいち気づいてしまいます。いつもの道に新しいお店ができていたらすぐに気づきますし、食事をしようとレストランに入って味がいつもと少しでも違うと、すぐにわかったりするのです。

直観力にもすぐれていて、勘のよさは天下一品、相手の気持ちの変化などにも敏感に反応し、ウソを見抜く鋭い目も持っています。純粋なＨＳＳではないので、大それた冒険はあまり好みません。街をぶらつくだけでも膨大な刺激と情報をキャッチできるので、旺盛な好奇心もそれだけで満たされるのかもしれません。

はたから見るといつも快活で、元気いっぱいに思えますが、やはり敏感すぎるために刺激過多に陥り、体調を崩して自律神経失調症に陥ったり、さまざまな過敏症になったりしやすいのです。

ひと口にＨＳＰといっても、超過敏な人から、非ＨＳＰよりも少しだけ敏感な程度の人まで、そこには大きな幅があります。

それだけでなく、ＨＳＳの特徴とＨＳＰの特徴をあわせ持ったＨＳＳ型のＨＳＰも存在するわけです。また、HSS型のHSPの中には、社会に適応するために、対外的にはHSSの外見で過ごし、1人のときには本来のHSPに戻るといったタイプの人もいます。HSPが人口全体に対して15～20％の割合で存在し、HSS型のHSPはその中の30％にあたるので、人口の6％ほどがHSS型のHSPだということになります。

敏感は敏感だけど、自分は絶対にHSPではないと思っている方も、ひょっとしたらHSS型のHSPという、少し変わり種のHSPかもしれません。

少しでもひっかかるところがある方は、今一度、自分のふだんの生活をふりかえり、その可能性を探ってみるのもよいでしょう。

第2章

過剰な敏感さが「生きづらさ」の原因だった

敏感さは考え方しだいで、いい方向にも悪い方向にも作用する

HSPだから、「生きづらさ」を感じるわけではない

周囲で起きている些細なこと、ちょっとしたことにも、敏感に反応するHSP。第1章でも、HSP特有の過剰な敏感さによって、脳や心が疲れやすくなるなど、敏感さによって生まれる「生きづらさ」についてお話ししてきましたが、この生きづらさというものはHSPの中でいったい、いつ、どのように芽生えるのでしょう。また、HSPはだれもが生きづらさを感じる宿命にあるのでしょうか。この章では、HSPの抱える生きづらさについて、さらに深く掘り下げていくことにします。

ここでまず、みなさんにお伝えしたいのは、**HSPであることが、生きづらさにつ**

ながるわけではないということです。ＨＳＰであっても、自分の敏感さをうまくコントロールしながら、生きづらさなど感じずに生きている人も多くいます。

そもそも、ＨＳＰというのは、足のかたちや目の色のような生まれ持ったものの１つでした。その気質が性格に影響することはあっても、それがその人の性格を１００％決めることはありません。

生まれ持ったＨＳＰという気質自体は同じであっても、育った環境や人間関係などの後天的な要素によって、敏感さはプラスのほうにも、マイナスのほうにも作用し、性格も変化します。

とくに、ＨＳＰにとって、子どもの頃の親や先生というまわりの大人との関係や、家庭や学校の環境は、生きづらさを感じるか否かの面において、非常に重要な役割を果たします。

ＨＳＣは些細なことにも敏感で、相手の心の内を読み取る勘の鋭さをそなえていますので、多くの子どもが気づかないような「親や先生からのネガティブな感情」や「両親や友人間の不和」が痛いほどわかってしまいます。

ただでさえ、自我がまだ十分に育っていない子どもの心は、親や先生の心に強く影響されます。さらにＨＳＣは、他者との境界線が薄いという特徴もあるので、まわりの人のネガティブな感情やマイナスの思いが心に入り込んできやすくなります。また、ＨＳＣは自分の不甲斐なさやいたらなさを責め、自分で自分を罰する傾向にあるため、心がマイナスの感情でいっぱいになりやすいのです。すると、ネガティブな考え方のクセを持つようになったり、過度なマイナスの感情によって心のバランスを崩したりして、生きづらさを抱えてしまうこともあります。

また、親や先生の中には子どものためを思って、子どもに対して厳しい言葉を口に出して伝える人もいるでしょう。

たとえば、内向型のＨＳＣは、内気で臆病で人見知りがはげしいので、遊んでいるときもほかの子どもたちの輪の中に入れず、隅っこに1人でポツンと立っていたりします。

そのような気弱さが心配になり、励まそうとしたお母さんや先生が、子どもを元気づけるつもりで、「そんな意気地なしでは、生きていけないよ！」と、声をかけたりすると、そのようなひと言で、ＨＳＣは深く傷つくことがあります。些細なことに過敏に反応し、相手の気持ちを慮って言葉の意味を深読みすることが多いＨＳＣには、たわいない言葉が心の深い傷となって、生涯消えないトラウマとなるケースは少なくありません。

自分が最も愛し、頼っている親や、信頼している先生に認められていないという感覚は、その子から自己肯定の機会を奪うことでしょう。自己肯定ができなければ、自己肯定感を持つことができません。子どもは自己肯定の機会を奪われ、自己肯定感を持てなくなった瞬間から、生きづらさを抱えて生きることになります。

もちろん、HSPの生きづらさをつくるのは、親や先生との関係だけではありません。そして、非HSPにとっても、自我の成長や人格形成のために、親や先生との関係は非常に重要なものです。ただ**HSPはその敏感さゆえに、非HSPよりも子どもの頃にトラウマを抱えやすい**ということは、認識しておいて損はないでしょう。

HSPのように生得的なものは変えることはできません。でも、**生きづらさが後天的なものであるのなら、生きづらさが生まれるのを予防したり、今抱えている生きづらさを減らせる可能性はある**のです。では、どうしたらよいのか——。

その具体的な方法については、第3章にゆずることにして、まず、本章ではHSPが感じる「生きづらさの正体」について、しっかりと見ていくことにしましょう。

感覚の敏感さが疲れやすさを引き起こす

HSPの疲労感は「脳」の疲れ

HSPが生きづらさを感じる要因の1つに、「すぐに疲れてしまう」というHSPの特徴があげられます。

HSPは五感をはじめとした、刺激への鋭敏な感覚を持つがゆえに、ほかの人が感じていないことまで感じながら、日々過ごしています。

非HSPの人の何倍、人によっては何十倍もの刺激を取り入れながら生活していれば、少し活動しただけで疲れてしまうのは、当然だといえるでしょう。

また、HSPは自分では理由がわからないのに、突然具合が悪くなったりします。特定の建物にいると体調を崩したり、あるお弁当を食べると食後しばらく動けなくなったり……。敏感さが、電磁波や化学物質など、自分の体にとってよくないものに対して過剰に反応するために、このような事態に陥ってしまうのです。

ＨＳＰが常に感じている、このような疲労感や体調不良をまわりの人たちは、なかなか理解できないでしょう。そのため、ＨＳＰは「弱い人間だ」とか「怠け者だ」とか、「臆病だ」といった目で見られてしまうことが多々あります。敏感なＨＳＰは、そのような周囲の目や評価を痛いほど感じますし、他者の考えに影響されやすいので、自分自身のことをダメな人間だと考えるようになっていきます。これも、ＨＳＰの生きづらさにつながっていくのです。

実は、このように**ＨＳＰが感じる「疲れ」は、運動後に感じるような単純な疲労とは異なる種類のものだと、考えられます。**

２０００年のシドニーオリンピックで、高橋尚子選手が女子マラソンで金メダルをとりました。走り終わった高橋選手は、42・１９５キロ走りきったのですから、疲労困憊していたことでしょう。でも、その顔にはさわやかな笑顔が広がっていて、疲れはまったく見られなかったのです。これは、なぜなのでしょうか。

その理由の1つは、高橋選手が走れることがあたりまえではなく、走れることに感謝しながら走っていたこと、また、体は当然「疲労」していたけれど、優勝したことで心には「疲労感」が生じなかったためではないかと、私は考えています。疲労とは、筋肉や心臓や肺などが急激に動いたり、許容量ギリギリまで働いたりした結果、疲れや痛みを感じる状態です。つまり、肉体的な疲労を指します。それに対して「疲労感」は脳の反応なのです。高橋選手の場合は、体は疲れていたけれど、脳は喜びで活性化して高揚し、疲労感が生じなかったために笑顔になっていたと考えられます。

ＨＳＰの感じる疲れは、あのときの高橋選手とは正反対のものだといえるでしょう。**肉体的には疲れていないけれど、脳が疲れている、つまり、疲労はしていないけれど、強い疲労感がある状態なのです。**

疲労感は脳の帯状回皮質の前部という場所と深く関係しています。そこは理性と情動の中継基地であり、自律神経や痛みにも関わる場所です。

ストレスが続いたりすると、この帯状回皮質の前部の活性が低下します。その部分の活性が落ちれば、疲労感が発生するだけでなく、自律神経の働きも乱れ、痛みも感じやすくなってしまいます。

ＨＳＰは大量の刺激を受けつづけ、しかも、それを処理しきれず、帯状回皮質の前部の活性が低下しやすく、それにともない疲労感や痛みを感じやすくなるといえます。

強い自責の念が、他者からの攻撃を招く

いつも「悪いのは自分だ」と考えてしまう

ＨＳＰには、「自責の念が強い傾向にある」という特徴もあるように思います。自分の心の内に目を向けて物事を考えることが多く、良心的でもあるため、自分を責めやすいのでしょう。

私が出会ったあるＨＳＰの女子高生は、子どもの頃にかわいがっていたペットを自分の不注意で死なせてしまったことで、自分をずっと責めつづけていました。彼女は非常に頭がよく、まだ高校生でありながら、人生のことも、人間のことも驚くほど深くわかっているように感じられる聡明な子でしたが、自分を責めることだけはやめられず、強い罪悪感を持ちつづけていました。

「あなただけの責任ではないよね」と、いくら話をしても「とにかく、自分が悪い」の一点張りで、「こんな自分なんか」と、自分に怒りを向けるのでした。

この**「自分を責めやすい」という特徴は、これまで診療を通してお会いした、多くのHSPの方々に共通して感じるものです。**とにかく、HSPの多くは、自分に非がまったくないようなことでも、自分を責めてしまう傾向にあります。それだけでも生きづらいはずなのに、自責の念が、人から攻撃を受ける原因となることもあるのです。

HSPは、他者の心の動きに敏感に反応し、相手の気持ちに同情したり、同調するように行動してしまいます。

それは、攻撃的な気持ちや怒りの気持ちに関しても同様です。そのため、相手が「怒りをどこかにぶつけたい」と、思っているのを感じ取れば、それをあえて受けるような行動をとったり、責められるような言葉を発したりしてしまうのです。これによって、他人の攻撃欲を無意識に満たしてしまうことがあります。

また、このような現象が起きやすいのは、他者の気持ちを読み取れるHSPの敏感さだけが原因ではありません。HSPに多い、強い自責の念、自分への怒り、罪悪感なども深く関係しているのです。

自分自身を責めることが日常化してしまうと、意識下に自分自身への怒りや、罪悪感が強く残るようになります。この自責の念が「ダメな自分を、思いきり痛めつけたい」という思いに発展し、他者から攻撃されることを無意識に望むようになるのです。

その意識しない思いが爆発すると、他人から批判をあびるような言動につながったり、他者の攻撃欲を鋭く察知して、攻撃を受けるように行動してしまうこともあります。

上司や友人から責められることが多いと感じている方は、もしかすると、自分で自分を責めすぎていて、自分を許せないために、他者からも責められやすくなっているのかもしれません。

他人に責められていない人であっても、HSPにはごく日常的な場面で、瞬間的に「悪いのは自分」と思ってしまう傾向があることはたしかです。このことを少し頭の片隅においておくだけでも、些細なことで自分を責めそうになったときに、「本当に自分が悪かったのかな?」と、ふりかえることができるはずです。

トラウマ、愛着障害と敏感さには深い関係がある

HSPはトラウマを抱えやすい

HSPの敏感さは、繊細な気遣いや慎重な仕事ぶりなどの面で発揮されれば、長所になります。ところが、敏感な気質がマイナスの方向に作用すると、小さなことにもクヨクヨ思い悩んだり、必要以上に自分を責めつづけたり、他人に責められやすくなったりなどといった、生きづらさにつながってしまいます。

このような生きづらさをさらに助長するのが、心が傷つけられたときに生じるトラウマと、親から愛情を得られないときに生じる愛着障害の2つです。しかも、HSPはその特性ゆえに、トラウマを抱えやすく、愛着障害も起きやすいのです。

というわけで、ここではまず、トラウマがどのようにHSPを生きづらくしてしまうのかについて、詳しく見ていきましょう。

今ではすっかりおなじみになった**トラウマという言葉は、日本語に直すと「心的外傷」です。ある出来事が心の傷となり、治らないまま残っているものを指します。**トラウマといえば、死にまつわるような悲惨な出来事や、親との別離などといった深刻なものを想像するかもしれませんが、さまざまな刺激に敏感なHSPであれば「幼い頃に自分だけ、ほんの2、3日の間、親戚に預けられた」などという、小さな出来事でもトラウマとなる可能性が十分にあるのです。

では、トラウマはどのように生まれるのでしょうか。

あることを経験したときに、その経験によって強い悲しみや、苦しみ、怒り、口惜しさといったさまざまな負の感情が生まれたとします。それらの感情はたいてい、思いきり泣いたり、怒鳴ったり、周囲にあたりちらしたりなどして、外へ吐き出すことで解消されます。それだけでは解消しきれなくても、普通は時間とともに薄れていきます。つまり、「時間が解決する」のです。

ところが、**負の感情や恐怖がわき上がったときに、それらに対してなんの反応もせ**

ずに抑え込んでしまえば、それらは未完了の反応としていつまでも解消されることなく、心の中にトラウマ記憶として残ってしまいます。

そして、解消されなかった負の感情は、意識されることなく、意識下の領域にしまわれ、ときに人格化してしまうこともあります。なんの手立ても講じなければ、多くの場合、生涯それらの負の感情を抱えつづけることになるのです。

こうして意識下の領域にしまわれたままの負の感情は、ひっそりと心の中に潜んでいますが、日常のなにげない場面で、ちょくちょく顔を出します。それも、何事も否定的にとらえる「マイナス思考」というかたちをとって、現実の世界に現れるからやっかいなのです。

マイナス思考は、物事や出来事のマイナス面ばかりに目を向けてしまう考え方です。友人に「急用ができたから」と、食事の約束をキャンセルされただけで、「私を嫌いなんだ」と決めつけたりするのは、マイナス思考の最たる例だといえます。

このようなマイナス思考は自分への自信を失わせ、うつうつとした暗い気分に陥る原因になります。**ただでさえ繊細な神経を持ち、さまざまなことに悩みがちなHSPが、トラウマを抱え、マイナス思考にとらわれれば、生きづらさがいっそう増すこと**

あることを
経験
負の感情
反応して
解消する
反応せず
抑え込む
ぎゅっ
時間が解決
トラウマ記憶として冷凍保存
時間がたっても解消しない

は容易に想像できるでしょう。

愛着障害が、HSP特有の境界線の薄さを助長する

HSPをいっそう生きづらくしているもう1つの要素として、愛着障害というものがあげられます。**愛着とは、医学的には、親と子の間に結ばれる基本的な信頼関係のことをいいます。**

親は自分を無条件に守ってくれる存在であり、自分が大切でかけがえのない存在であることを認識させてくれる人なわけですが、**幼少期に虐待や育児放棄などで愛着形成が十分にできないと、自分のことを大事に思えなかったり、他人との関係や絆をつくったり、自分の感情や行動をコントロールしたりできなくなります。**

ただし、虐待や育児放棄といったことだけでなく、「弟ばかりかわいがられた」とか、「母親に無視された」といった、一見さほど深刻ではなさそうなことでも愛着形成が十分になされない可能性はあり、現に一説では、日本では、安定した愛着を形成できている親子は3割しかいないといわれています。

愛着障害は珍しいものではないのです。

乳幼児期からの10年間に親に愛情をたっぷり注がれて、やさしい言葉をかけられながら育った子どもの多くは、親に守られているという絶対的な安心感の中で、健全で、かつ、安定した愛着を育てていきます。愛情を得ることで、いい自分も、悪い自分も、強い自分も、弱い自分も肯定し、1人の人間としての「個」の意識をしっかりつくることができるのです。

ところが、この10歳までの時期に、親から愛されていると感じられないまま育つと、自分を人から愛される価値のない人間だと思い込んでしまい、「どうせ、自分なんて……」と、自分を過小評価するようになります。その結果、思春期に自己主張ができず、自己肯定感や、自信を持てないまま、大人になってしまうことが多々あるのです。

自分と他人を区別し、自分も他人も尊重できる自我の確立には、自己肯定感が不可欠です。ところが、愛着障害があって必要以上に自分を責めるようになれば、自己肯定感や自信が持てません。そのため、「個」として自立することも、自我を確立することもむずかしくなります。

このことは境界線が薄いために、容易に他人の心が入り込んでしまうHSPの特徴を、さらに助長します。**愛着障害によって自己肯定感がなく、自我の確立ができてい**

なければ、自分と他者との間に境界線をつくることができず、他者の心が、さらにはげしくなだれ込んでくることは想像にかたくありません。

さらに、愛着障害は人間関係にも強く影響を及ぼします。これは、ＨＳＰであっても、非ＨＳＰであっても同様なのですが、愛着障害の人に多く見られるのが、「愛情希求《ききゅう》」の強さです。愛情を求めても、求めても、その愛情がもらえないとき、この愛情希求が起こります。お腹が満たされていなければ、食べ物を求める気持ちが強くなるように、心が愛情で満たされていなければ、愛情を求める気持ちは異常なほど強くなるでしょう。

そのため、愛着障害の人の中には、相手が異性であれ同性であれ、信じきって突っ走り、だまされても、裏切られても尽くすといったことをくりかえすケースもよく見られるのです。また、その反対に愛情を求めることを諦めたり、愛情を拒絶するケースも見られます。

過剰に敏感な性質が、トラウマや愛着障害の引き金に

トラウマや愛着障害は、ＨＳＰの生きづらさをさらに増す要素となりますが、それ

だけではなく、**HSPの敏感さが、親子関係の不和や学校での先生との対立を呼び、トラウマや愛着障害を起こす引き金になるケースもあります。**

まず、HSPの敏感さというすばらしい特性を親や先生が理解できないという親や先生側の問題があります。人によっては、HSPの敏感さが、ときに非常にうとましく感じられてしまうのです。これが、対人関係に悪く作用し、トラウマのきっかけをつくってしまいます。

たとえば、HSCは敏感ですから、母親や先生の心の内を読んで先回りして行動できます。「この子は、なんて賢い子なんだろう」と感心する大人がいるいっぽうで、自分の心の内を見透かされているような不安を感じる大人もいるでしょうし、権威を保ちたがる大人であれば、「生意気な子だ」と腹立たしさを覚え、その結果、子どもに対してうまく愛情を注げなくなってしまうでしょう。

また、HSCの敏感さが、化学物質過敏症や電磁過敏症などというかたちで現れれば、食後30分は動けなくなったり、ある特定の場所でかならず気分が悪くなったりといったことも起きます。

化学物質過敏症や電磁過敏症などは、まだまだメジャーとは呼べない症状です。そのため、大人も子ども自身も、これらの症状への知識がないことが多く、すぐに休みたがる子どもの様子を見た親が「この子は怠け者だ」とか「わがままな子だ」と感じても不思議はありませんし、親にそう言われれば、子どもも「そうなんだ」と思ってしまうのです。

以上は親や先生側の問題ですが、いっぽうで、敏感すぎる子ども側の問題も、あります。子どもの中には親や先生から否定的な評価をされても、そのことに気づかないし、意に介さない子も多くいます。しかし、HSCはそのタイプでは決してありません。そのため、さまざまなトラウマを抱えやすくなるのです。

「そんな細かいこと、気にしないの！」

「イライラさせないで！」

「おまえみたいに弱虫だったら、大成しないぞ！」

このような言葉は、敏感なHSCの心を深く傷つけて、癒えることのないトラウマを残す可能性は大いにあります。

また、人の心に深く共感できるというのもHSPの特徴でした。幼い子どもは、ただでさえ、大人の考えに同化しがちですが、HSCは生まれつきの気質ゆえに、さらにその傾向が強いのです。

そのため、たとえ親や先生に傷つけられても、親や先生の気持ちを読み取ろうとし、そして、「悪いのは自分だ」と自分を責めてしまうことが多く、マイナスの感情を押し殺してトラウマを抱えることがあります。

同様にして、ＨＳＰの敏感さは、愛着障害を引き起こすこともあります。

ＨＳＣは、親から注がれる愛情に関しても、とても敏感です。そのため、自分より兄弟のほうが愛されている、大切にされている……と、少し感じただけでも、それをきっかけに愛着障害を抱えてしまうことが少なくないのです。

もちろん、親に十分に愛されていなければ、愛されていない自分を痛いほど感じ、それが満たされないことで、愛されたいという愛情希求を過剰なほどに強めたり、愛されなくてもいいと諦めてしまったり、その両方を行き来したりもします。

敏感すぎるからこそ、傷つきやすく、それがトラウマや愛着障害というかたちになりやすいのは、ＨＳＰに多い傾向だといえるでしょう。

HSPは日本社会の中に、自分の居場所を見つけづらくなっている

ムラ社会的価値観と欧米的価値観の板挟み

HSPにとっては、欧米よりも日本社会のほうが適しているように思われるかもしれません。たしかに、自己主張をすることが尊ばれる欧米社会は、ちょっとしたことに敏感に反応し、内向型人間の多いHSPにとっては、生きにくい社会だといえるでしょう。それよりも「和」を尊び、強い自己主張をしなくてもすむ日本のほうが、ずっと生きやすいはずです。

ところが、一部のHSPにとっては、日本社会もまた、生きづらい場所であるようです。近代的な超高層ビルが立ち並ぶ今日でもなお、日本には「みんな一緒」の横並びで行動することをよしとし、そこからはずれる者を排除したがる、いわゆるムラ社

会特有の閉鎖性が残されています。

そこではなにより「空気を読め」という無言の圧力があり、敏感なHSPは、場の空気を乱してはならないと、高ぶりやすい神経をさらに高ぶらせているのです。

また、日本社会では、このようなムラ社会的な同調性が、あらゆる場面で求められているにもかかわらず、そのいっぽうで、近年、「これからの国際化の時代には、自分をしっかりアピールし、自己主張のできる人材が必要」などと、ビジネスの世界でも教育の現場でも、さかんに喧伝《けんでん》されるようになっています。

そして、多くのHSPはこのような欧米化が進む社会の中で、自分の居場所をますます見つけづらくなっているのです。

私の知っているHSPのある女性は非常に聡明な方ですが、自分の意見を簡潔に述べるのは苦手で、就職時の面接がなかなかうまくいかないようでした。

彼女は面接時の受け答えがうまくいかない理由を「質問に対して、いっぱい答えが出てきて、どれにしようか考えているうちに、話すのが遅くなってしまうんです」と、私に話してくれました。

これは、彼女が敏感なセンサーを持ち、質問に対してあらゆる考えや可能性を巡らせて、精一杯考えて話をしていることを示しているのではないでしょうか。

彼女のような人間を「心が豊かな人」というのでしょう。じっくり考えるからこそ、その人の口から発せられる言葉は、深みのある美しいものになるのだと思います。

質問に対してすぐに返事ができないのには、相手の質問の意味がすぐにはわからない場合、答えがまったく出てこない場合、答えたらなんと言われるか不安で答えられない場合など、さまざまなケースが考えられますが、繊細なＨＳＰの場合には、答えが出すぎて選べずに、回答がすぐにできないということが多いようです。

ところが、時間をかけて考えていては、機転が利かないやつと思われたりしますし、考えている間にほかの人間がさっさと派手に自己主張し、自分を強くアピールしてしまいます。このように自己主張を強く求められる社会では、ＨＳＰは生きにくいといえるでしょう。

多くのＨＳＰは日本社会を通底するムラ社会的な同調圧力と、そして、欧米化、国際化にともなう自己主張社会の中で、板挟みにされ、神経をすり減らしながら生きているると考えられるのです。

敏感すぎる気質が引き起こす病気や症状

ストレス耐性の低さが、自律神経失調症、パニック発作を引き起こす

HSPは病気ではなく生まれ持った気質ですが、HSPという敏感すぎる気質が高じることによって引き起こされる病気や症状もあります。

最も多いのが、自律神経失調症でしょう。これは、慢性的な過度のストレスが原因で起こると考えられる、はっきりとした病名のつかない状態を示します。**HSPはストレスに対する耐性が低いために、この自律神経失調症にかかりやすい**のです。

自律神経には緊張したときに活性化する交感神経と、リラックスしたときに活性化する副交感神経と、心臓の交感神経の働きを抑制する背側迷走神経の3種類があり、この3つがバランスよく働くことによって、私たちの体の機能は健康に保たれていま

す。全身のさまざまな活動を調整するために、24時間働きつづけているのが、自律神経なのです。

ところが、長期間にわたり強いストレスがかかりつづけると、自律神経のバランスが崩れてしまい、自律神経失調症に陥ってしまいます。HSPの場合、もともと神経が高ぶりやすく、交感神経も副交感神経も活性化しやすいため、この点でも自律神経失調症にかかりやすいのです。

体の活動の多くを調整している自律神経がそのバランスを崩せば、頭痛やめまい、手のしびれ、肩こりなどさまざまな身体的症状が現れます。

自律神経失調症では、1つの症状しか現れない人もいれば、同時に複数の症状に悩まされる人もいます。また、人によっては次々に異なる症状が現れる場合もあります。知らないうちにかかって、知らないうちに治っている人がいるいっぽうで、10年以上も自律神経失調症に悩まされている人もいます。命に関わるような疾患ではありませんが、やっかいな症状であることには違いありません。

同様に、**慢性的な過度のストレスが原因で起こる精神科的な症状として、よく見受**

けられるのが、パニック発作です。パニック発作は、心臓発作かと思うほどのはげしい動悸におそわれたり、汗が滝のように流れて止まらなかったり、尋常ではない胸苦しさを感じたりといった、突然の発作をいいます。発作を起こしているときには、このまま死んでしまうのではないかという恐怖感にとらわれるのも、パニック発作の特徴です。「交感神経の爆発」といわれ、交感神経が異常なほど活性化した結果、制御不能になっている状態なのです。このときの脳には血液がどっと大量に流れ込んでいます。大量の血流が脳に流れると、脳は正常に機能しなくなってしまいます。

パニック発作も、自律神経失調症と同様、治るまで長い月日がかかる人もいます。

このほかにも、**うつや躁うつなどの気分変調、対人恐怖や強迫症状なども、ストレス耐性が低いHSPが悩まされることが多い症状だといえる**でしょう。

長期的な神経の高ぶりと、うつ病・慢性疲労症候群の関係

うつ病は神経の高ぶりから始まります。いつも周囲に気を使いすぎているHSPは、神経を高ぶらせることが多く、そのため、うつ病にかかりやすいといえるのです。では、神経の高ぶりとうつ病とは、どのような関係にあるのでしょうか。

神経が高ぶっているときは、一種の興奮状態にあります。このようなときには「ノルアドレナリン」という神経伝達物質を分泌するノルアドレナリン神経系が過剰に活性化します。脳はストレスを受けると、ノルアドレナリンの分泌を増やして緊張状態や集中状態、積極性をもたらし、ストレスに打ち勝とうと、心と体を整えるのです。

しかし、長期間にわたりストレスにさらされつづけると、ノルアドレナリンの使用量が合成量を上回るため、脳内でノルアドレナリンが減少してしまいます。ノルアドレナリンが減少すると、意欲が低下し、物事への関心も低くなるなど、抑うつ状態になりやすいとされ、これによって、うつ病が引き起こされます。

また、ノルアドレナリンが脳内で不足すると、ノルアドレナリンを多くつくるために、体は些細なことにも過剰に反応をするようになります。この結果、ストレス耐性が著しく低くなり、うつ病を引き起こしてしまうことも多いのです。

さらに、長期的な神経の高ぶりが続くと、気分を落ち着かせて自律神経の働きをよくする神経伝達物質である「セロトニン」の量が減少します。セロトニンの量が減ると、気持ちが不安定になって落ち込むことが増えるため、うつ病になりやすくなります。このように、**HSPの持つ「神経が高ぶりやすい」という特徴が、ノルアドレナ**

・原因不明の強い疲労が6カ月以上継続
・休息や栄養で症状が改善しない
こんな症状も…
微熱
喉が痛む
筋力低下
思考の低下

リンの過剰分泌やセロトニン分泌の減少を引き起こし、うつ病の原因になってしまうこともあるのです。

うつ病ほど認知度が高くないのですが、**HSPの方によく見受けられる症状として、「慢性疲労症候群」というものもあります。**

慢性疲労症候群とは、原因不明の強い疲労が6カ月以上継続し、休息や栄養をとってもその症状が改善しない状態をいいます。

慢性疲労症候群では疲労感のほかに、微熱が出たり、喉が痛むなどの風邪のような症状が出たり、筋力の低下や思考の低下などが見られます。

HSP同様、慢性疲労症候群自体がほと

んど知られていないため、会社を休んだりすれば「仮病じゃないのか」などと言われ、理解されないことも少なくありません。

慢性疲労症候群がなぜ引き起こされるのか、その原因はまだ、明らかにはされていません。しかし、そこには過剰なストレスが少なからず関係していると考えられています。

すでにお話ししたように、ＨＳＰの方は敏感で、しかも良心的なため、疲労感やストレスを感じやすいのです。疲れ果てるまで自分を酷使した結果、そのストレスによって、慢性疲労症候群を引き起こしてしまう可能性があります。

考え方を変えれば、生きづらさは減っていく

HSPであることを自覚する

本章をここまで読み進めてきて、暗澹《あんたん》たる気持ちになられた方も少なくないかもしれません。疲れやすく、トラウマや愛着障害に陥りやすい、日本的なムラ社会でも、「個」を尊重する欧米的な社会でも生きづらい。さらにHSP気質が、うつ病やパニック発作の原因になることもある……。

HSPは5人に1人くらいの割合で見られる生まれ持った気質で、それ自体が障害や病気ではありませんが、些細な刺激にも過敏に反応するという特性が、脳や心や体に過剰な負担を強いることで、心身のバランスを崩しやすいのです。

でも、安心してください。**正しい対処法を知り、それを身につければ、心や体への**

負担をかなり軽減することは可能なのです。そして、そのために必要となるのが、まず「自分を知り、HSPであるという自覚を持つこと」。自分がHSPであることを知り、そのことをきっぱりと認めるのです。

これまでお伝えしてきた、少々気が滅入るような事柄も含めて、**HSPのさまざまな特徴を知って自覚をし、日々の生活を送るようにしましょう。**

たとえば、わずかな刺激にも過敏に反応して、神経を高ぶらせるのがHSPです。そのため、HSPはどうしても疲れやすくなることを自覚しましょう。そうでないと、疲れやすいという自分を不甲斐なく思い、いたらない自分に引け目を感じてしまうでしょう。さらには、疲れていることに気づかないまま無理を重ねて、寝込んでしまう可能性もあります。寝込んでしまった事実が罪悪感となり、必要以上に落ち込んでしまうことにもなるでしょう。

また、HSPは神経を使いすぎるきらいがあることも、自覚しなければなりません。この自覚がないと、なまじ直観が働いて、人の心の動きがわかったりするものだから、相手の気持ちを先取りして、よけいな気の回し方をすることになります。このような

ことを続けていれば、ストレスが溜まるのも当然でしょう。

さらに、境界線が薄く、自己抑制が強いために、人の影響を受けやすいことも自覚しておく必要があります。そうでないとまわりの人の気分にはげしく左右されてしまい、頭の中も心の中も他人のことで常にいっぱいになってしまう……ということにもなりかねません。これらの自覚がなければ、詐欺の被害者になることも十分に考えられます。

また、心身ともに疲れやすい体質であるということ、ストレスへの耐性が低いということへの自覚もなく、無理をして働きすぎたり、ストレスのかかる状況に身をおいたりしていると、それこそうつ病やパニック発作などを発症する可能性もあるのです。

けれど、このようなことを自覚できていれば、それらを避けるための行動も取れますし、生活の仕方を変えることもできます。


自らの心と体を守るために、ＨＳＰであることを嘆くのではなく、受け入れて、日々の生活を送るようにしたいものです。そうすることで、ＨＳＰならではの豊かな情感やイマジネーション、鋭い感受性やひらめきといった特性を生かせる場所で活躍できるようになるでしょう。

少しの勇気で前よりもずっと生きやすくなる

どれだけ敏感なＨＳＰであっても、物の考え方や生活の仕方しだいで、生きづらさを少しずつでもなくしていくことはできます。

自分の敏感さに悩んでいる方々にとっては、なかなか信じがたい話かもしれませんが、現に**自分を取り巻く環境を変えたり、考え方や生活のパターンを変えることで、生きづらさをなくすことに成功したＨＳＰの方は、私のまわりにもたくさんいます。**

あるHSPの人は、近くの運送会社から聞こえるトラックの出入りする音に耐えられず、思いきって引っ越しました。

別のHSPの人は断るのが苦手だったけれど、あるとき、「今日は疲れているから、飲みに行けないよ」と、勇気を出して断りました。ほかにも、自分の気質にあった働き方にするため、職場を変えたHSPの方もいます。その全員が、以前よりもずっと生きやすくなったというのです。

たとえば、お酒を飲みに行くのを断った女性は、「ずっと自分の前にたちこめていた霧が一瞬にして消えて、心が晴れ晴れとして、気持ちがとても軽くなった」と話してくれました。彼女は他者への強い共感性ゆえに、人から誘われると断ることができず、かならず「いいよ」と答えていたそうです。「他人の考えばかり尊重するのをやめよう」と意を決して、彼女にしてみれば、清水の舞台から飛び降りるような覚悟で断ったら、ちゃんとその成果が現れたのです。

彼女はそのあと一気に生活や考え方が変わり、断ることができる人になりました。「生きづらさのもと」を1回で断ち切る人、小さなことを積み重ねていく人……。それぞれの状況や性格によって、そのやり方も違うでしょうが、とにかく、**考え方や生**

活を変えることで、「生きづらさのダイエット」をしていくことができます。

ＨＳＰは生まれ持った気質ですから、敏感すぎる気質を変えることはできませんし、変える必要はありません。それはすばらしい個性なのですから。ＨＳＰの生きづらさは、社会的な価値観や人間関係、生活環境などから生じる後天的なものなのです。

そして、後天的なものは、その気になりさえすれば変えられます。

生きづらさを捨てることで、あなたはＨＳＰである自分にこれ以上振り回されずにすむようになるはずです。

次の第3章、第4章ではその具体的な方法をたっぷりお届けしていきます。

第3章

敏感すぎる自分に振り回されずに生きるには

「HSPに生まれてきてよかった」と、思えるようになるために

意識すべきこと、人間関係で大事にすべきことを知る

敏感な神経と豊かな感受性で物事を感じ取り、奥深い内面世界を持っているＨＳＰ。それだけに、さまざまな生きづらさを抱え込んでいること、そして、その生きづらさがどこから生まれるのかを、ここまでお話ししてきました。

ストレス耐性が低くて、神経がすぐに高ぶることからくる疲れやすさ、親や先生からのネガティブな感情に過剰に反応してしまう子ども時代、さらに、ムラ社会的な閉鎖性を残すいっぽうで、自己主張のできる人間をよしとする日本社会の中で感じる「居場所のなさ」……。そういったものが絡み合い、重なり合うことで、多くのＨＳＰは日々、生きづらさを感じてしまうのです。

中には、このような生きづらさが長く続くうちに、自律神経失調症やパニック発作などといった二次的な病気や症状におそわれるHSPもいるということも、お話ししました。

HSPの持つ敏感さは生得的な気質ですから、その気質自体を変えることはできません。ただ、第2章でもお伝えした通り、HSPだからだれしもが生きづらくなるのではなく、その生きづらさは自分しだいで変えられます。つまり、**HSPの長所である敏感さや鋭い直観、豊かな感情世界とイマジネーションといったものをそのままにして、生きづらさだけを消すことはできるのです。**

そこで本章では、HSPの生きづらさを解消するための方法をお伝えしていきます。

自分の中のHSPとうまく共存していくためには、なにを意識して、どのように考え、ふるまったらいいのか、さらに、敏感なHSPの方々が人間関係で傷つかないために必要なことはなんなのかを、じっくり見ていきたいと思います。

そして、本章の終わりには、HSPのすばらしさを生かして、仕事やプライベートを楽しむ方法も書きました。HSPに生まれてきて、よかったのかもしれない……。この章の終わりには、きっとそう思っていただけることを期待しています。

生きづらさをなくすために大切な3つのこと

知る、対応する、心構えをつくる

生きづらさを解消するために大事なのは、「知る」「対応する」「心構えをつくる」の3つです。これらは心理療法でも使われる考え方です。

まず**「知る」とは、その言葉通り「自分が抱えるHSPという気質」について、より詳しく知ることです。**すでに第1章のチェックリストで、自分がHSPであることを知っている方もいるでしょう。でも、それだけでは十分ではありません。

とても敏感といっても、敏感さの中身やその度合いには、同じHSPの間でも大きな幅があるからです。

もしも自分の中の生きづらさをなくしていきたいと思うのなら、自分はなにに対して敏感なのか、どのような問題を抱えているのか、などを特定する必要があります。つまり、**「HSP一般」ではなくて、「私という個人のHSP」について、より厳密に知らなければならない**のです。

そして、自分のことをよく知ったあとは、「対応する」に移ります。**自分の敏感さに対する具体的な対応策を持つ**のです。生きづらさを実際に取り除いていくための対処法と実践法を実施していきます。

対応策を持つことができたら、「心構え」をつくりましょう。**HSPであることを受け入れ、より生きやすい自分になるための心構えや考え方を培っていく**のです。対応策という技術を、心構えや考え方という太い何本かの柱でしっかりと補強することで、あなたはHSPである自分を少しずつ認め、肯定できるようになるでしょう。

自分を肯定できるようになれば、生きづらさが解消されるのも時間の問題です。

では、さっそく「知る」ということについて詳しく見ていきましょう。「自分の抱えるHSP気質」について知るにはどうすればよいか、具体的にお伝えしていきます。

生きづらさを解消する第一歩は、自分を「知る」ことにある

「自分の抱えるＨＳＰ」を理解する

第1章で自分がＨＳＰであることを知ったとしても、それだけでは十分ではありません。ここではさらに詳しく、あなた自身のＨＳＰについて観察していきましょう。自分の敏感さの矛先がどこに向かっているのか、それを知ることで、どこに重点をおいて対応策を考えればよいのかもわかってくるはずです。

通常、自分の心の状態について詳しく知りたいときは、精神科や心療内科などで医師の診察を受けるでしょう。しかし、冒頭でも述べたように、日本にはＨＳＰの知識のある医師がほとんどいないので、病院でＨＳＰについて相談することは、あまり現実的ではありません。ただ、ＨＳＰで長年苦しみ、そこから立ち直った経験から、Ｈ

SPのカウンセリングにあたっている方々はいます。医師ではないけれどHSPに詳しくて、理解のある人に相談することで、自分のHSPについて詳しく知ることができるはずです。

ところが、そのような方たちの数も限られているのが現実です。近くにそのような方がいらっしゃらないことも多いでしょう。そこで私がおすすめするのが、**自分自身の心と体の状態を、日々「ふりかえる」クセをつけることです。**

どんなときに心が動揺するのか、どんな場所に行くと気分が悪くなるのか、なにを食べると体調を崩すのか……。1日の終わりでも、気づいたときでも構いません。自分のことをふりかえる時間を持つだけで、自分が敏感になってしまう対象と傾向が見えてくるでしょう。気づいたことをメモや日記に残しておけば、それらの積み重ねが、自分のことを正確に知るための「大きな手掛かり」になってくれるはずです。

さらに「ふりかえり」と並行して、HSPに関する書籍を読むこともおすすめします。**HSPの概念や理論をきちんと押さえておくことは、自分自身の持つ特性を理解するうえで非常に重要**です。巻末にHSPに関する情報がのっているおすすめの文献をまとめておきましたので、ぜひ参考にしてみてください。

敏感さに「対応する」すべを身につければ、生きやすくなる

「準備」と「ケア」の2本柱で、自分を守る

自分のHSPについて詳しく知ることができたら、次はいよいよ実践に移ります。なにに敏感なのかによって、対処法は少しずつ変わってきますが、基本戦略は2つです。1つめは**「少しでも暮らしやすくなるための準備をすること」**。そして、2つめは**「セルフケアを意識的に行うこと」**です。

1つめの戦略「準備」の中には、不安や恐怖を感じる刺激をあらかじめブロックすること、自分の安全安心が得られるように環境を整えること、身近な人のHSPに対する理解を深める努力をすること、などがあげられます。つまり、**自分が少しでも生活しやすいように、人間関係を含めた生活環境を整える**のです。

中でも最も大切なのは、マイナスの刺激をブロックすることでしょう。

HSPが敏感になる刺激には、光や音やにおいなどのほかに、化学物質や電磁波、その場の雰囲気などの目に見えないものも含まれます。

光や騒音など、刺激を発する対象がはっきりわかるものであれば、それらを極力避けるということで、刺激をブロックできますが、食品に含まれる化学物質や電磁波などは、目で見て判断できないことがほとんどなので、刺激をブロックするのがむずかしいかもしれません。

そのような場合はまず、自分が敏感になっている「犯人」を特定することが必要です。「知る」の項目でもお伝えしましたが、**できる限り自分の体調や心の動きに敏感になりましょう。**自分の状態を確認するクセをつけることで、自分の気分や具合が悪くなるシーンをある程度、認識することができます。シーンがわかってきたら、そのときにとった食事や行っていたこと、訪れた場所の1つひとつを見直して、自分が敏感さを感じる犯人をしっかりと特定するのです。そして、その犯人がわかったら、その対象を極力避けることで、刺激をブロックするようにしましょう。

このほかにも、騒音がひどい部屋であれば引っ越してみたり、親しい人や職場の同僚には、大人数の飲み会が苦手なことをあらかじめ話しておいたり……。**「敏感さに悩まされる状況」に陥らないように前もって準備することで、ストレスが極度にかかることを避けられ、さらにはマイナスの刺激に悩む機会も少なくできます。**

自分をいたわる「セルフケア」こそ、HSPに必要なものだった

2つめの戦略「セルフケアを意識的に行うこと」は、1つめの戦略である「準備」の次の段階になります。

刺激をブロックしようと、どれだけしっかり準備を行っても、突発的な出来事などで、刺激が自分の中に入ってきてしまい、それらに悩まされることは少なくありません。そんなときに、**刺激によって起きたマイナスの感情をためて体調不良などを悪化させないように、自分自身の心と体をいたわるのが、セルフケア**です。

自分を悩ます刺激に出遭ってしまったときでも、マイナス感情の処理方法や、疲労感を和らげる方法などの「その後の対策」を持つことができていれば、気持ちはだいぶラクになるでしょう。

自分で自分をきちんとケアできるようになれば、外からやってくる刺激に対して過

準備

環境を整える

ケア

疲労感を和らげる

マイナスの感情を処理

↳詳しいやり方はP160へ

剰に恐れを抱くこともなくなっていくはずです。

良心的であるために頑張りすぎることも多く、さらには自分を責めることが日常化しているHSPの中には、セルフケアが苦手な人が多いように思います。

刺激に敏感なHSPだからこそ、自分をいたわる方法を知り、それを意識的に行うことが重要なのです。それは決して甘えではなく、自分を大事にして生きづらさを減らすために重要な行為だといえます。


ストレスや敏感さによる疲労感を和らげる方法には、睡眠、入浴、食事の改善、アロマセラピー、ヨガ、ストレッチなど、さまざまあります。人それぞれ合うものが違うので、自分の心と体が本当にリラックスできるものを見つけるとよいでしょう。

本書では、刺激によって生まれた感情の処理方法に重点をおいてお伝えしていきます。具体的な方法は、第4章で詳しくお話ししますので、ぜひ期待していてください。

「心構えをつくる」ことで、生きづらさが消えていく

「心理的逆転」を乗り越える

精神疾患などで病院を訪れる患者さんの中には、心理療法をいくら行っても効果が現れない方々もいます。どのような心理療法を試しても、なかなか心の状態が改善せず、どうすればよいのか患者さんとともに考え悩んでいたのですが、最近ようやく、**効果が現れない原因が、心理療法自体にあるのではなく、患者さんたちの意識下の心理的ブロックにある**ことに気づいたのです。

つまり、「治りたい」と口では言っているものの、彼らの心の中には、「治りたくなんかない」「治る必要はない」「治ってはいけないんだ」といった否定の心、「どうせダメだよね」という諦めの心、「このままでいい、変わりたくない」などの変化への

抵抗、「悩みたくない」「考えたくない」という葛藤の回避などの心理的ブロックが渦巻いており、それらが治ることを拒否していたのです。このように、**自分の抱えている特定の問題に対して心理的に逆のことをしてしまい、何度も同じことをくりかえし失敗してしまう状態を、「心理的逆転」といいます。**生きづらさを抱えているHSPの場合であれば、**口では「もっとラクに生きていきたい」と言っていても、心の奥底では「このままでいい」と思っている状況です。**

あなたの心の奥底にも「生きづらくてもこのままでいい、変わりたくない自分」が潜んではいませんか？

たとえば、「敏感だから外出したらすぐに疲れてしまうし、上司に怒られたら1週間は立ち直れない……。でも、これが私なんだから、こうやって生きていくしかないんだ」などと、どこか諦めに似た気持ちを持っているようであれば、あなたの心の奥底には、「生きづらさを抱えたHSPのままでいたい」という気持ちがあるのかもしれません。もしも変わりたくないという自分がいるのなら、そのような状態では、HSPの生きづらさが解消できないばかりか、生きづらさが増すことも考えられます。

そうだ！
もっとラクに
生きよう
(心の声)
大丈夫
かなぁ
このまま
でいい
変わりたくない

心理的逆転が起きる原因の1つは「変わることへの不安」でしょう。長い間、生きづらさを覚えながら生きてきたHSPの中には、自分の今の状態に苦しみながらも、その状態に慣れ親しんでしまっている人もいます。今さら変わってどうなるのか、変わろうとして失敗に終わったら、もっとつらい目に遭うかもしれない、なにより「変わろう」と決意してうまくいかなかったら、もう立ち直れない……。**変わるための一歩を踏み出すことへの不安が、「変わりたくない」と意識下で強く思わせるのです。**

また、トラウマや愛着障害が心理的逆転の原因となる場合もあります。トラウマや愛着障害を抱えた人の心の中には、常に「自分なんて」という自己否定の思いがあり、自分を過小評価しがちです。このような自己評価の低さは「自分には幸せになる資格はない」という意識に結びつきやすく、心理的逆転も起きやすいのです。

「心構えをつくる」という中で大事なのは、HSPであることも含めた自分の状況をすべて認めたうえで、「生きづらさを捨てていいんだ」と、自分の心に言い聞かせることです。自分が意識できていない心理的逆転を乗り越えることです。自分と正面から向き合い、そのうえで生きづらさを捨てると覚悟を決めること、これができてはじめて、HSPとしてラクに生きていくための「心構え」を持つことができるのです。

HSPがやめるべき考え方

自分の中の「いい子」をやめる

子どもの頃、親の言うことをなんでもよく聞いて、親にも、先生にも逆らうこともない、育てやすい子どもだったHSPが多くいます。いわゆる「いい子」ですね。その「いい子」の多くに、実はトラウマや愛着障害が見られるのです。

よく見受けられるのは、求めていた愛情を得られず、愛情不足になって自分や他者への信頼感がゆらぎながらも、愛されたくて、自分の本心や本音をごまかし、親や先生の言うことをなんでも聞くようになってしまうケースです。

大人の心を読むのは得意なHSPですから、ときには先回りして、大人の喜ぶことをやったりもします。

このような「いい子」の習性は、大人になってからも簡単には抜けないものです。恋人や友人などに対しても、なにかにつけて、相手の望む通りのことをしてしまいます。「お寿司とイタリアン、どっちがいい?」と聞かれて、「相手がお寿司を食べたがっている」となんとなくわかると、「お寿司がいい」などと言ってみるのです。

このような日常の場面ですら、自分の意見や主張を封印し、本心や本音をブロックして生きる「いい子」になりやすいのがＨＳＰなのです。幼い頃からそれでやってきたのだから、本人にとってはいちばんラクなのかもしれませんが、自分を抑え込むたびに、本人も気づかないほどのストレスが発生し、小さな不満やわだかまりが泥のように溜まっていきます。

そしてある日突然、うつ病やパニック発作になってしまったり……と、抱えてきたストレスが爆発するケースを私はたくさん見てきました。このような状況に陥ってしまうのは、相手の望みにばかり合わせてきたことが、実はストレスになって蓄積されていたという証拠でもあるでしょう。**自分を押し殺すことはストレスを生み、生きづらさを助長する要素でもあるのです。**

ですから、もしもあなたの中にこのような「いい子」がすみついていたら、少しず

つでもいいから、その「いい子」から卒業していく努力をしなければなりません。完全にいい子でなくなることはむずかしくても、いい子の自分にはできるだけ登場してもらわないように、心の状態を変えていく必要があります。

まずは、あなたにとって最も身近な人を相手に「本心や本音を隠した、いい子にならない練習」を始めてみると、よいかもしれません。親やパートナー、友人などと一緒に食事をするときには、自分の食べたいものを素直に言ってみます。なにかを頼まれたときも、それが無理であれば「ごめん、できない」と断ります。

このようなほんの小さなことであっても、子どもの頃からずっと「いい子」をしてきたあなたには、大きな一歩のはずです。

慣れてきたら、身内や友人から、ほかの人たちにもその範囲を広げていき、ステップアップしていきましょう。そして、「いい子」ではないあなたのことも大切にしてくれる家族や友人を、大事にしてください。

自分を責める気持ちを捨てる

どうして自分は小さなことを気にしてしまうのか、みんなよりも疲れやすいのか、いつもおどおどしてしまうのか……。HSPの多くはそれこそ物心つく頃から、自分の「弱さ」に悩み、失望し、そして、自分を責めてきたことでしょう。

「弱さ」の大半がHSPという、とても敏感な気質からきていることを知った今も、やはり自分を責める気持ちを捨てきれずにいるのではないでしょうか。

けれど自分を責めるたびに、あなたは自分を否定することになります。自己否定するたびに、自分のことがまた好きでなくなっていき、そして、自己肯定できる自分から一歩ずつ遠のいていくのです。

自己肯定感は自分を守るためになくてはならないものです。自己肯定感を持つことで、他人との間に境界線も築けるし、必要なときに自己主張もできるようになります。そうすれば、相手の弱さも認められるようになり、他者も肯定できるようになるのです。**自己を肯定でき、他者も肯定できることは、あなたが生きづらさから抜け出すための重要な一歩なのです。**

弱い自分に出会ってしまったときは、自分を責めるのではなく、その弱さをまず認めるようにしましょう。

たとえば、少しの外出で疲れてダウンしてしまったときも、他人の言葉が必要以上に気になってしまったときも、決して自分を責めずに、それが自分なのだと認めましょう。ここでは、弱い自分がよいことなのか、悪いことなのかを、ジャッジする必要はありません。自分の弱さに対して一般的な善悪の判断を持ち込まず、弱い自分という存在を認める。これが第一歩です。

自分の弱さを認めることができたあなたは、それだけで強くなれます。弱い人間は自分の弱さを決して認めることはできません。自分の中にある弱さを、それも自分の一部だと認められるのは、強い人間だけなのです。

常に自分を責めつづけてきた人にとって、自分の弱さを認めることは、それだけで自分を肯定することにつながります。これを実践しているうちに、あなたは弱さも含めて自分という1人の人間を徐々に受け入れられるようになるはずです。

自己肯定ができるようになれば、他者も肯定できるようになり、境界線も少しずつ強固なものになり、今まで抱えていた生きづらさが薄れていくことでしょう。

また、自分を責めるような思考のクセがしみついている場合は、それを意識的に直していく必要があります。なにかトラブルが持ち上がったときには、自分の落ち度を探すのをやめ、相手に非がある可能性を冷静に考えたうえで、自分の落ち度についても考えてみるのです。両方に非がある可能性を考えることで、「自分だけが悪い」という決めつけと、少しずつでも決別できるかもしれません。

ただし、何事もあせりは禁物です。これはどんなことに対してもいえますが、**自分を変えようとするときには、他人の真似をしたり、急激に今までの自分を変えようとしたりするのはやめましょう。**無理が生じて、変えようとすること自体がプレッシャーになります。自分を変えるためには、人の真似をするのではなく、まずは自分の内にある心理的逆転をとることが重要です。心理的逆転というマイナスのブレーキをはずすことで、おのずと本来の自分の中に「こうなりたい」という「モデル」が見えてきて、無理なく自分を変えることができます。**自分の中にある殻を壊し、新しい自分を再生させることが、自分を変え、生きづらさをなくすために重要なのです。**

自分がHSPだと意識しすぎるのをやめる

自分がHSPだとわかったら、疲れやすいこと、雑踏などの刺激に弱いこと、境界線が薄すぎることなどを自覚したうえで行動する必要がありますが、HSPであることをあまりに意識しすぎると、そのことに意識が集中するあまり、さまざまな刺激に、かえって過敏に反応してしまうこともあるので注意しましょう。

ＨＳＰであることを意識しすぎて、刺激を避けて自分の行動を制限すると、かえってＨＳＰという症状にしばられてしまうことがあるのです。**ＨＳＰだと認めながらも、あくまで自分の心と体の調子を客観的に見て適度に行動することが重要です。**

あまりにＨＳＰだと意識しすぎることで、外からの刺激を過度に避けすぎてしまうと、「解離」のような精神的な問題を起こすこともあります。解離というのは、自分という意識が分離して「自分ではない自分」が生まれる状態です。ここで起きる解離は、別人格になったり、記憶が一部なくなったりするような強い解離ではなく、「自分が自分ではない」「現実が現実でない」ような感覚に陥る弱い解離です。もし、解離症状が出てしまったら、安全・安心な場所で、現実感を取り戻す作業が必要になってきます。ただ、ここが解離の治療のむずかしいところなのですが、いつでも安全・安心な場所で守られすぎていても、解離状態から抜け出すことはむずかしいのです。このような状況に陥らないためにも、ＨＳＰであることを意識しすぎないことが重要なのです。

HSPが大事にすべき習慣や行動とは

頑張りすぎない、抱え込まない

診察に使っているチェックリストを見ても、HSPの方の多くが「疲れやすい」の項目にチェックを入れていることがわかります。ストレスに対する耐性が低いにもかかわらず、種々雑多な刺激を受けつづけて、神経を高ぶらせながら暮らしているのですから、疲れやすいのも無理はありません。

そこで**HSPの方は、まず「頑張りすぎないこと」「たくさん抱え込まないこと」を心がけなければなりません。疲れたら休む、ということです。**簡単な話のようで、これがなかなかむずかしいことは、みなさんも経験ずみでしょう。

よく見受けられるのが疲れていることに気づかず、そのまま無理をしてしまう人たちです。こういう人たちを「疲れに鈍い頑張り屋」と呼んだのは作家のニキリンコさんです。「疲れに鈍い頑張り屋」は音などの外部刺激には敏感なのに、自分の疲れには鈍感です。敏感なはずのHSPの中にも、自分の疲れにだけは鈍感な人もいます。

HSPだとわかったら、自分が疲れやすい体質であることを自覚して、疲労感のあるなしにかかわらず、体を休める時間を定期的にとるようにしましょう。

たとえば、自分で残業の時間制限を設けるとか、週に2日はどんなことがあっても休むとか……自分自身とそのような取り決めをするのです。無理をして限界を超えると、体も心もポッキンと折れてしまいかねません。**「頑張ろう」とよく思うようになるのは疲れているサイン、「まだ頑張れる」と思うのは限界のサインです。**「まだ頑張れる」と思ったタイミングで、頑張るのをやめましょう。

これは、仕事だけでなく、人間関係に関しても同様です。HSPはその良心的な性格と相手の気持ちや期待を読み取る敏感さから、本当は行きたくなくても、誘われると断れずに出かけてしまうことが多いようです。これも、無理な頑張りにあたります。

遊びの約束であっても、疲れているときには無理して出かけないというのも、頑張りすぎをやめるためには大切です。まずは、自分にとって絶対必要なことだけ取り組むようにしましょう。

ところで前述した通り、ＨＳＰの中には、好奇心旺盛で、外向的なＨＳＳ型のＨＳＰが３割ほどいます。このＨＳＳ型の多くは、街中が大好きです。でも、ＨＳＳ型といってもＨＳＰであることには間違いなく、五感も敏感に反応しますから、好きな街歩きもほどほどにするよう心がけましょう。

プラス思考ではなく、「プラスの感情や感覚」を大事にする

些細な失敗を思い出して落ち込んでしまい、クヨクヨ悩んでしまうのも、ＨＳＰを生きづらくさせている一因でしょう。

グルグルと悩んで落ち込んでいる状態は、心をひどく消耗させます。つらいし、苦しいし、少しでも早くこのような状態から抜け出せたらいいと思うことでしょう。

落ち込んだ状態から抜け出そうとするとき、または、そのような状況に身をおかないためには、いつでもプラス思考でいることが必要だと思っている人は、多いかもしれません。でも、**実は落ち込んだ状態で、プラス思考を維持するのはむずかしいことが多く、まずは、楽しい、うれしいといった「プラスの感情や感覚」をつくることに**

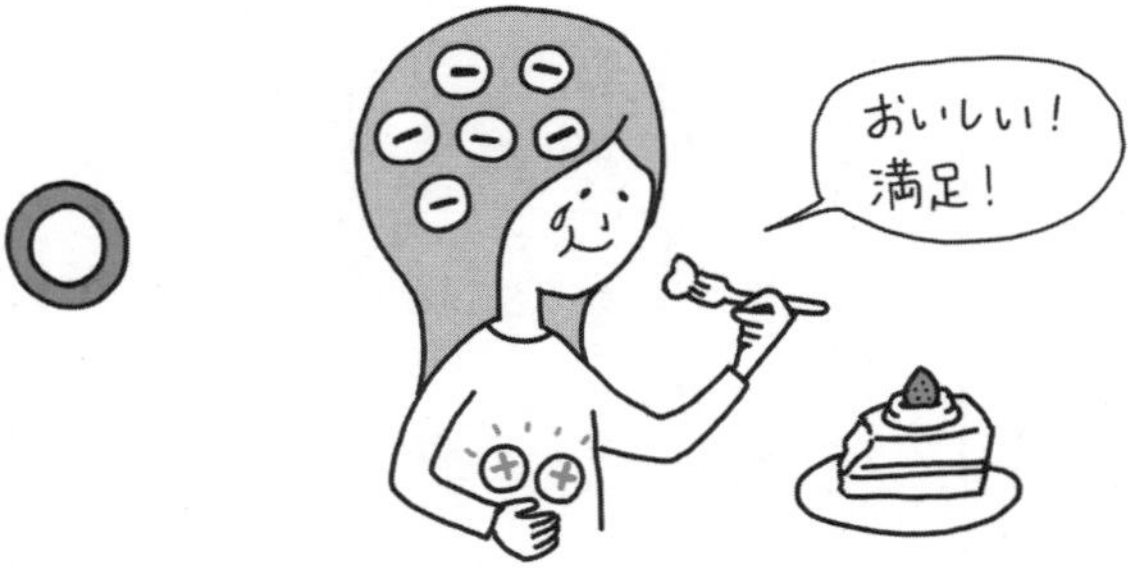

重きをおいたほうが、うまくいくことが多々あるのです。

落ち込んでいる人を見て、「嫌なことは忘れて前を向いて、プラス思考でいけばいい」などとアドバイスをする人がいます。

たしかに、失敗したことをいつまでも悩んでいたって、なにも生まれないし、それなら「次は失敗しないようにしよう」と、さっさと方向転換して、明日に向かって歩み出すほうがいいに決まっています。

でも、いくら頭でわかっていても、そうならないから悩んでいるわけで、一生懸命プラス思考になろうとしたところで、うつうつとした、どん底の気分から這い上がることはむずかしいのです。なぜなら、**つら**

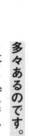

い、悲しい、苦しいといった「感情」や痛い、だるい、気持ちが悪いといった「感覚」は、「思考」に大きな影響力を持っているからです。

感情や感覚が思考に影響力が大きいというのは、感情や感覚が、無意識に近い潜在意識から生まれているからだと、私は考えています。

意識には、私たちが認識できる意識（顕在意識）と、認識できない意識（潜在意識・無意識）があります。顕在意識の下に、潜在意識と無意識が広がっています。

自分が仕事でミスをしたときに、「ミスしてしまった……どうやってカバーしよう」と考えるのは、顕在意識の働きです。それに対して、ミスを叱られたときに、自分でも気づかないうちに涙が出てしまったなどの、自分で思いもよらないような感情や身体反応を引き起こすのは、潜在意識や無意識によるものです。

潜在意識は、ふだんの生活の中で意識できません。いつもは顕在意識の下に隠れているのですが、ふとした瞬間にそこから生まれたものが意識に上ってきたり、身体反応に現れたりします。痛みは体からの、感情は潜在意識からのメッセージです。

顕在意識は氷山の一角にすぎず、その下には広大な潜在意識や無意識の世界が広がっています。感情や感覚の多くは原始的で本能的な無意識の世界に近い潜在意識から

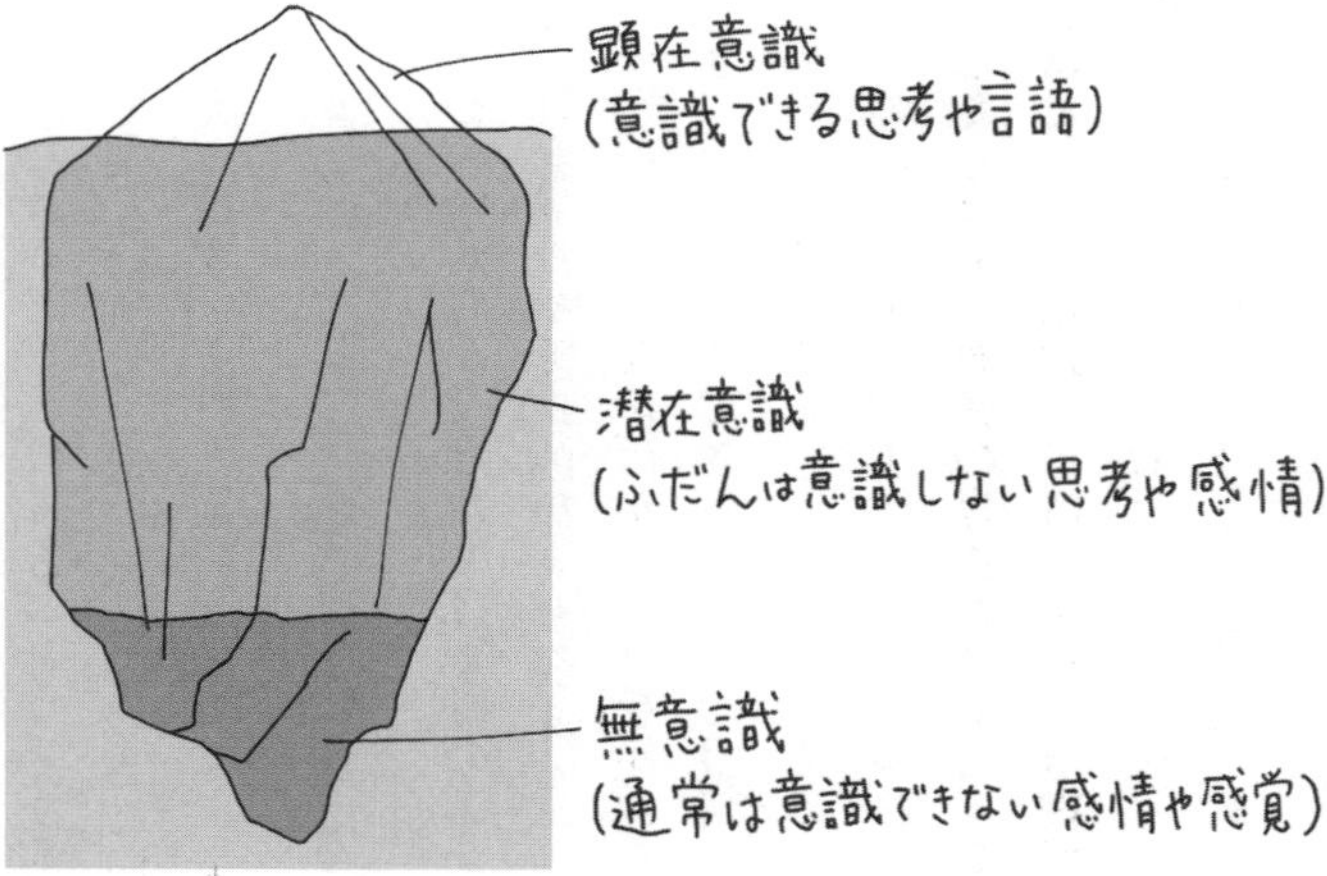

生まれることが多いので、顕在意識から生まれることが多い思考に対して、強い影響力があると考えてよいでしょう。

というわけで、クヨクヨしてしまう状況から脱出するには、プラス思考よりも、プラスの感情や感覚を高めるほうが効果的です。ゲラゲラ笑える映画やお笑い番組を見たりするのはおすすめです。

こうして、**楽しい、うれしい、満足だといったプラスの感情や快い、スッキリ、気持ちよいなどのプラスの感覚をさんざん味わうと、自ら「前を向いて進もう」というプラス思考が出てきて、頭もこの言葉に素直に反応してくれるようになります。**

暗い気持ちでいるときに、いくら前向き

になりなさいと言われても、そうそう前向きになれるものではありません。でも、明るくて楽しい気分、快い気分のときに同じことを言われれば、「その通りだ」と素直に思えるはず。それと同じなのです。

"意識下"にある感情や感覚、直観を大事にして行動する

いつの頃からか、私たちは意識の下からわき上がる感情や感覚や直観をブロックして、社会通念や論理的思考が発する「こうするべき」「このようにしなくてはならない」というような声ばかりに耳を傾けるようになりました。約束は守るべき、勉強すべき、やせるべき、きちんとした服装をすべき……私たちの人生は「べき思考」で埋め尽くされているといっても過言ではありません。

このこともまた、生きづらさを生む大きな原因でしょう。

私たちは常に意識の世界だけで生きているような気でいますが、実際には、心も体もほとんどの活動が意識下にある潜在意識や無意識によってなされています。

たとえば、体であれば、心臓や腸などの内臓も、筋肉や骨の多くも、また、血液やリンパ液といった体液も、意識的に働かせることはできません。すべて、無意識に働

いてくれているわけです。心も同様です。顕在意識は氷山の一角であり、その下には広大無辺な意識下の世界が広がっていて、そして、記憶の大半は意識下の中に納められています。顕在意識にある記憶は全体のほんの一握りにすぎません。自分の心や体のほとんどが属している無意識の世界にある直観や、潜在意識にある感情や感覚を無視して、心にしみついた思考のクセの1つである「べき思考」に振り回されて生きていれば、生きづらさを感じるのも無理はありません。

「べき思考」というブロックをはずし、意識下から生まれる、直観や感情や感覚などの内なる声を自由にわき上がらせ、それらに耳を傾けることも大切なのです。

仕事では「べき思考」に従わざるをえない場合も多いでしょう。でも、せめてプライベートな時間には、「べき思考」のブロックをはずして、直観や感覚や感情が発する心の声に耳を澄ませ、それらの声に従いたいものです。

合わない環境に身をおきつづけるのをやめる

安心できる、安全な場所を確保することは、だれにとっても大切なことですが、鋭敏な五感の持ち主であるＨＳＰにとっては、とくに「安全・安心」の確保は健康な日々を送るために不可欠でしょう。

「安全」とは物理的、肉体的な事柄を指します。たとえば、騒音や悪臭などの悪影響を遮断できる住環境などは安全な場といえるでしょう。**「安心」は心に関するものを指します。**人間関係において、嫌なことは嫌と言えたり、自分の話に耳を傾けてもらえて考え方を強要されなかったり、人格を否定されなかったり、相手の不機嫌をなだめなくてもよかったりするような安定した状態を保てるような環境は、心に安心をもたらします。**この両者を確保できることは、何事にも敏感でストレス耐性の弱いHSPにとって非常に重要です。**

今、住んでいる家で、あなたはゆっくりくつろぐことができていますか。

マンションなどで、上の階の人の足音が常に大きく、その音が気になって仕方がない場合は、「ただの足音だから」とあなどることなく、思いきって、大家さんに相談したり、引っ越したりすることも視野に入れたほうがよいかもしれません。

安全な場所の確保という意味では、街中や会社の中などに「自分専用の逃げ場所」を見つけておくことも重要です。場所は、喫茶店でもトイレでも構いません。**また、**

安全・安心な場所をつくる

心の中に「安全・安心な逃げ場」をつくっておくのもよいでしょう。外に逃げ場がなければ、内に逃げればよいのです。内に逃げるとはどういうことかというと、外の世界ではなく心の中に意識を集中させるということです。たとえば、自分の部屋や美しい森の中など、自分が安心でき、リラックスできる場所を心の中の逃げ場としてあらかじめ想定しておきます。そして、外出時などに刺激を受けすぎて気分が悪くなったりしたら、自分が安心できる場所を心の中に思い浮かべ、それに意識を集中させるのです。

　騒音などの刺激を遮断できる環境が「安全」な場だとしたら、心の安定が確保できる環境は「安心」な場です。人間関係がうまくいっていない職場や、過度な緊張を強いられる家族関係は、敏感なＨＳＰにとってはとくに強いストレスとなります。

ＨＳＰには良心的な人が多いので、自分の都合で会社を辞めたり、家族と離れて暮らすことに抵抗を感じるでしょうが、自分の心と体のバランスを崩さないためにも、それらの選択肢も考えたほうがよいかもしれません。

私の知っているＨＳＰの方は、自分自身を守るために、悩みに悩んだすえ、仕事を辞め、家族とも別れて１人で新たな場所で暮らし始めました。自分の生活をリセットすることに大きな抵抗があったと言いますが、実際に１人で暮らしてからのほうが、家族との関係は良好になったと聞きます。

安全・安心な場所を確保するためには、ときにはそれほどの覚悟と決意が必要となることもあります。それはわがままではありません。自分の心と体を休ませ、守ることを最優先すべきときもあるということは、さまざまなＨＳＰの方にお会いして感じる私の実感でもあります。

人間関係は、繊細さを意識することでうまくいく

人とつき合うときは、自分と相手の間に「境界線」を意識

境界線が薄いために、相手の気持ちに左右されやすいのが、HSPの多くに見られる特徴でした。そこで、**境界線がほかの人たちよりも薄いということをしっかりと自覚して人間関係を築いていくことが、自分を守るためにはとても重要です。**

では、具体的にはどうすればよいのでしょうか。

まずは、**「自分と他人は違う人間だ」という、あたりまえの事実をしっかりと頭にたたき込んでおく**ことです。

私たちは1人ひとりが異なる内部世界を持っています。生まれてこのかた、脳に入ってきた刺激の種類も量も質も違えば、それらの解釈も各人各様なのです。

したがって、刺激と解釈によって築き上げられる内部世界は、当然、人によって異なるわけです。

物事をとらえるのは内部世界です。その内部世界が人によってそれぞれ違うのですから、たとえば、2人の前におかれている同じ1つのリンゴも、あなたと相手ではその認識が違っています。同じものを見ていながら、脳の中の内部世界では違う姿としてとらえているわけです。リンゴに限らず、1つの出来事に対する感じ方も認識も、なにもかもがあなたと相手とでは違っています。

このように、**あなたがほかのだれとも違う、唯一無二の内部世界を持っていること、したがって相手と違っていて当然であることをしっかりと認識しましょう。**この認識が強固な境界線をつくる第一歩になります。

また、境界線が薄くて、他人の侵入を容易に許してしまうと、相手に過剰に同調してしまう過剰同調が起きます。過剰同調の裏側には、HSP特有の敏感さが関係しているだけでなく、相手に認められたいという「承認欲求」と呼ばれる心理も大きく関係しています。相手に認められたいばかりに、嫌われたくないという心理が働き、そのため、相手からなにか頼まれると断れないし、「ちょっと違うけどな」と思っても、相手の考え方に同調してしまうのです。

そこで、相手にたとえ嫌われてもいいと考えたり、頼み事を断ったり、「私はそうは思わない」と主張したりすることが大切です。そのためには、自分の問題と相手の問題を切り離すことです。これを心理学者のアドラーは、「課題の分離」といっています。

たしかに、頼み事を断れば、相手は腹を立てるかもしれませんし、異議を唱えれば、相手は不愉快になるかもしれません。でも、腹を立てるのも不愉快になるのも相手の問題であって、自分の問題ではありません。そして、あなたのことを嫌うかどうかも、相手の問題であり、あなたの問題ではないのです。

なぜなら、あなたと相手はともに別々の内部世界を持ち、それぞれに独立した「個」なのですから。

こうして、**自己と他者の課題（問題）をきっちりと分離することを常に心がけることで、他者との境界線をしだいに意識できるようになるでしょう。**

人間の悩みのほとんどは、他人から侵入されたり、自分が侵入することによって引き起こされると考えたのも、心理学者のアドラーです。ＨＳＰは境界線が薄いために、とくに人間関係のトラブルに巻き込まれがちです。

それを避けるためにも自己と他者の課題をしっかりと分離し、過剰同調に陥るような関係は断ち切りたいものです。

そんな突き放したような考え方は、少し寂しい気がする……。そう感じる方もいらっしゃるかもしれません。でも、相手に心の中に土足で踏み込まれたり、自分が土足で相手の領域に踏み込んだりすることで、孤独を癒やせるわけがありません。

寂しさを癒やしてくれるのは、適度な距離があって、それでも共感し合える相手ではないでしょうか。離れていても寄り添える関係は、ふっくら炊けたごはんのよう。ひと粒、ひと粒のお米がちゃんと立っていて、おいしい。

そんな関係になれるよう、境界線を意識するのが重要なのです。

ＨＳＰにとって、最もよいパートナーとは

人はだれしもパートナーを求めるものです。完璧な人間などこの世には存在しないから、不完全な部分を補い合って生きることが、自然な姿なのかもしれません。

パートナーを求めるという点では、HSPももちろん、その例外ではありません。

では、HSPにはどのような相手が合っているのでしょうか。HSPといっても、その敏感さが発揮される対象も、敏感さの程度も、異なります。それに加えて好みも、性格も、生いたちも違うので、一概にはいえないのですが、それでも、もしあえていうとしたら、**HSPの敏感さも、そして、そこから派生する生きづらさもドンと受けとめ、受け入れられるような懐が深くて、寛大な精神の持ち主がよいでしょう。**

HSPの敏感さや直観力の鋭さなどは、対面する相手を怯えさせたり、ときには、うっとうしく感じさせたりすることもあります。そのため、懐が深くて寛大というのは、はずせない条件といえるでしょう。

そのうえで、客観的な視点でものが見られる理性的、かつ、冷静沈着な人なら、あなたの弱点をカバーしてもらえるでしょうから、もう完璧です。

このような言い方をすると、「HSPの人間は客観的でも、理性的でも、冷静沈着でもないのか？」と、不快に感じられる方もいるかもしれません。

これも一概にはいえないのですが、私の経験上、多くのHSPは、ときに非常に主観的で、かつ、衝動的になることがあります。ただ、そういったところがHSPの魅力でもあるのです。

ＨＳＰは、直観が鋭くて、感受性が豊かですから、直観や感情がＨＳＰの中の理性や客観性を凌駕《りょうが》することが多々あります。さらに、ＨＳＰの多くは自分の内面を深く掘り下げる傾向にあります。まわりの世界をシャットアウトして、たった1人で思考を深めていくわけですから、どうしても主観的になりがちなのです。

そのため、客観的に見れば大した出来事でなくても、その出来事に敏感に反応してショックを受け、いつまでも自分の中で思い悩んでしまうことも少なくありません。

ＨＳＰをそのような状態から救い出せるのは、心から信頼できるパートナーの存在です。いつも近くで、しんぼう強く見守ってくれているパートナーの冷静な分析や筋道の通った理性的な物言いは、硬く凝り固まっていたＨＳＰのモノの見方や考え方を少しずつときほぐすでしょう。

それはプロのカウンセラーに負けない、いえ、それ以上の力でＨＳＰを、生きづらさから救ってくれるはずです。私が診てきたＨＳＰの方の多くが、自分にぴったりのパートナーと出会うことで、自分の中の敏感さともうまくつき合えるようになっています。

今、パートナーがいなくても、いつかきっといい出会いがあるに違いありません。すでにパートナーにめぐまれている人は、自分を見守ってくれている人に感謝し、2人の関係を大事に育てられるようにするとよいでしょう。

距離をおくことでうまくいく人間関係もある

敏感で、神経が高ぶりやすいHSPは、ある種の人間に会うと、ぐったり疲れて、2、3日具合が悪くなってしまうことがあります。

HSPができるだけ避けたいのは、不機嫌だったり、怒っていたりして「常に負の感情を抱えている人」です。非HSPであっても、このような人との接触は避けたいものですが、HSPは敏感なセンサーを持っていて、ほかの人よりも境界線が薄い分、他人からのマイナスの感情を自分の中に入れてしまいやすいので、気分が落ち込んでいる人、強いマイナスの感情や怒りを抱えている人とは、より意識して関わらないほうがよいでしょう。

また、世の中には「他人を思い通りに動かすこと」、つまり「他者を支配すること」に喜びを感じる人がいます。このような人にとって、HSPはとても扱いやすい存在だといえるでしょう。普通の人よりも、相手の気持ちに影響されやすく、さらにとても良心的なので、自分の思い通りに動かしやすいからです。

このような人の「支配」は、決して悪意に満ちたものだけではないので、注意が必要です。「あなたのためを思って」「こうしたほうが、あなたにとっていいと思ったから」という善意の顔をした支配を、自分でも無意識に行っている人は多くいます。この場合は支配をしているほうも悪気がなく、支配を受けているほうも「自分のためにアドバイスしてくれている」と考えがちです。

しかし、支配を受けているほうは、自分の心や行動の自由を阻害されることで、少しずつストレスを溜めてしまい、心に負荷をかけてしまうのです。

もし、「いい人なんだけど、会ったあとなんだか疲れる」と感じる場合は、HSPの鋭い直観を信じて、その相手と距離をおいてみるのもよいかもしれません。

水面下で起きていた支配からのがれるだけで、あなたの心はだいぶラクになるはずです。

敏感すぎる自分を長所に変える生き方

人類社会にはHSPが必要だった

ここまで、HSPの生きづらさをどう軽減すればよいのかについてお話ししてきましたが、ここからは、HSPの持つすばらしい特性の数々に光をあてながら、それらを仕事や人間関係に生かすための具体的な方法を見ていくことにしましょう。

まずはHSPの人類や社会での「存在意義」という少々大ぶりな話から始めていきます。

第1章でもお話しした通り、人間には行動活性システムと行動抑制システムの2種類のシステムがそなわっています。行動活性システムは人を未知のものへ向かわせ、行動抑制システムは人を慎重にさせ、危険を回避する方向へ向かわせます。つまり、行動活性システムがアクセルだとしたら、行動抑制システムはブレーキ。そして、HSPはブレーキである行動抑制システムが、優位に働いています。これに対して、アクセルである行動活性システムが優位に働いているのが、HSSです。

HSSの未知のものへ向かう特性は、人類の生存のためにとても重要な役割を果たしてきたはずです。ぶら下がっている野ブドウの実を最初に採って食べた人間は、間違いなくHSSでしょう。HSSの勇気ある行動によって、大勢の仲間が当面飢えずにすんだのかもしれません。

ゲルマン民族の大移動にしても、口火を切ったのは、行動活性システムが大いに活性化していたHSSだと、私は思っています。やせた土地で作物もとれず、飢えに苦しんでいた北の「蛮人たち」は、危険も顧みず、肥沃《ひよく》な土地をめざして、南下を始めたのです。未知の土地をめざす、このような大胆さは、HSPにはないものでしょう。

それでは、HSPは人類に貢献しなかったのでしょうか。そんなことは決してなかったはずです。たとえば、狩猟時代、HSPは敏感な感覚と直観力で危険を察知し、そして、勇気はあるけれど、暴走しがちなHSSに警告を発したでしょうし、ときには「引き返す勇気」などを説いたかもしれません。このようにそれぞれが役割を果たすことで、人類社会は機能してきたのだと思います。

外向的で大らかで、ほどよく鈍感で、そして未知への好奇心が旺盛なＨＳＳだけで構成された社会もなければ、反対に、鋭敏な感覚と神経を持った、内向的で、慎重なＨＳＰだけで占められている社会もありません。このことは、大規模な環境の変化や危機的状況に対応できる社会には、多様な人々が必要であることを物語っています。そして、ＨＳＰもその多様性の一翼を担っているのです。

ＨＳＰはすでに、電磁過敏症や化学物質過敏症というかたちで、高度に発達した現代文明に対して警鐘を鳴らし始めています。ＨＳＰの敏感すぎる五感と鋭い直観が「便利さや経済効率ばかり追い求めていると、大切な体が蝕《むしば》まれる。それどころか、川や海、大地を汚して地球までも壊してしまう」と、体を通して伝えているのではないでしょうか。

ＨＳＰがストレスに敏感に反応し、落ち込んでしまうのも、あるいは現代社会への警告かもしれません。現代はストレス社会だといわれますが、昨今、ますますその度合いを増しているように感じられます。ストレスが異常に高い社会の状況を「あたりまえ」の顔をして生きていける人たちのほうが、もしかすると、どこかに異常があるのかもしれません。神経を高ぶらせながら、ストレスに耐えているＨＳＰの悲鳴は、そのことを必死で訴えているように感じます。「そんなにがむしゃらに働いて、無理していたら、みんな壊れちゃうよ」と。

ＨＳＰは、その敏感な体を使って、人類や社会の危機を訴えつづけている可能性もあるのです。

ＨＳＰに向いている職業とは

もしあなたが、「ＨＳＰの自分に合った仕事など、なさそう」と思っているとしたら、大きな間違いです。ＨＳＰはさまざまな方面での豊かな才能にめぐまれていますし、また、企業に欠かせない人材になりうる特性の持ち主でもあるのです。

たとえば、**ＨＳＰの持つ豊かな情感やイマジネーション、鋭い感受性やひらめきといったものは、画家や音楽家、詩人、小説家、写真家、俳優、舞台監督や映画監督など、芸術にたずさわる人たちには欠かせない条件でしょう。**もちろん、ＨＳＰだから

といって、全員が芸術家に向いているとは限りません。絵画なら絵画の、音楽なら音楽の、俳優なら俳優の、生まれ持った固有の才能や、夢に近づくための努力がなければ、画家や音楽家や俳優になれないことはいうまでもありません。それでも、自分のなりたいものがあるのなら、挑戦してみる価値はあるでしょう。

芸術家よりもずっと実現可能で、現実的な選択としては、いわゆるクリエイティブな仕事をあげることができます。クリエイティブな仕事はさまざまな分野にわたり、種類も多種多様です。デザイナーひとつとっても、パッケージ、ファブリック、グラフィック、シューズ、ジュエリー……など、あげていったらキリがありません。

ほかにも、カメラマンやコピーライター、イラストレーター……などもクリエイティブな仕事に入るでしょう。

こういった仕事の多くに共通しているのは、ひらめきやセンス、感受性といったものが要求される点と、そして、基本的には1人で机や作業台に向かって、自分のペースで行える作業であるという点です。この2点を考えたとき、クリエイティブな仕事は、HSPの気質にぴったりのものといえるでしょう。

もちろん、クライアントの意向もあるので、想像の翼を好きなだけ広げるわけにはいきませんし、ときには、ひらめきが生まれるまで長い時間を要するなんてこともあるかもしれません。仕事である以上、楽しいことばかりではないけれど、それでも自分の好きな分野でクリエイティブな仕事ができれば、最高でしょう。

クリエイティブな仕事というと、敷居が高そうに聞こえるかもしれませんが、アイデアやひらめきを大切にする仕事には、想像しているよりも多くの職種と種類があります。営業の中にも「企画営業」というスタイルで、クライアントに自身の企画を提案していく働き方もあります。

また、ＨＳＰは、組織の中では欠かせない人材です。**ＨＳＰは、ほかの人たちが見過ごすような小さな変化や異常にも、鋭敏さと直観力で気づくことができます。**

企業にとって欠陥商品は、下手をすれば命取りになりかねません。しかし、二重三重のチェックをしても、ミスが起きてしまうこともあります。このリスクをカバーするのが、敏感な感覚と直観力の持ち主であるＨＳＰなのです。

変化や異常に対して敏感なＨＳＰは、ほかの人が決して気づかないような欠陥に対して、「なにかがおかしい」と瞬間的に感じることができます。そして、それをその場の直観で終わらせません。慎重に製品を確認し、どこがおかしいのかがわかるまで、とことん追及できるのです。

もちろん、ミスを見つけるだけではありません。商品開発などでも、その直観力やひらめきによって、世の中が必要としているものをいち早く察知します。しかも、1人でじっくりと考えるのが好きなＨＳＰは、そのひらめきを商品化するために、しつこいほど熟慮を重ねる粘り強さも持っています。

ＨＳＰが、その敏感なセンサーを使って、大ヒット商品を生み出す可能性は大いにあるでしょう。

HSPは、人間関係における「潤滑油」の役割も果たす

HSPには良心的で誠実で、やさしい人たちが多いように感じます。HSPのやさしさはどこからくるのでしょうか。

人はいつかかならず死んでいきます。さまざまなことに敏感なHSPは幼い頃から、人が「死」を抱えて生きつづけることを、そして、その悲しみを、直観的に知っていたのだと思います。私はこれまでの診療を通して、何人ものHSPの子どもたちと接してきました。その結果、そう考えないと辻褄の合わないことがあまりに多くあったのです。

人間のそのような悲しさを知っているHSPは、他人の悲しみも感じ取れますので、他人に対しても、とてもやさしくなれます。このように**やさしいこと、そして、人の心が読めることが、HSPを人づき合いの中で貴重な存在にしています。**

たとえば飲み会などでも、HSPがいるかいないかで、その場の雰囲気は大きく変わります。大勢の集まる飲み会では、ほかの人を顧みずに自分のことばかり話しつづ

けてしまう人がいるものです。そのようなときにＨＳＰの人は、そこにいるほかの人たちの気持ちをすばやく読んで、「○○さんも、そこへ旅行にいらしたのよね」などと、場の雰囲気を壊さないようにしながら、うまく話を向けることができます。

また、話の輪に入れない人がいると、その人の気持ちも察することができて、話を振ったり、もし隣の席なら穏やかな口調で、さりげなく話しかけたりするでしょう。

ＨＳＰは常に控えめだけれど、やさしくて、人の心が読めるので、細かな気配りができ、すみずみまで配慮の行き届いている人たちなのです。つき合うのには、信頼のおける、とても心地よい相手であることは、間違いありません。

自己肯定感が低いＨＳＰの方であれば、このような話は、にわかに信じられなかったり、他人事《ひとごと》のように感じられるかもしれません。

しかし、ＨＳＰの自然な気遣いや、やさしさに救われている人は少なくないはずです。ＨＳＰだから人づき合いがうまくいかないと考えるのではなく、**ＨＳＰだからこそ、そのよさを生かして他人とつき合ってみようと思えば、生きづらさの原因であった自分の敏感さを、好きになることもできるでしょう。**

第4章

敏感な人が陥りやすい15の「困ったこと」の対処法

より具体的な対応策を身につけるために

第3章では、HSPの生きづらさを解消するための考え方をお伝えしました。

大切なのは、自分のHSP特性をよく知ること、知ったことをもとに具体的に対処すること、そして、敏感すぎて、傷つきやすくて、疲れやすい自分を否定するのではなく、すべて丸ごと受け入れる心構えを持つことでした。

こうして自分を肯定することができたとき、感性豊かで、鋭い直観力を持ち、人の心に寄り添えるというHSPのすばらしさが前面に現れ、その長所を生かすことができます。

HSPというこれまでは煩わしかった気質を長所としてとらえられるようになれば、HSPである自分を好きになることもできるでしょう。

本章ではさらに、より実践的な内容に移ります。

HSPが日常生活の中で悩むことが多いであろうシーンを具体的に想定し、シーンごとの対処法についてお伝えしたいと思います。

これからご紹介するシーンは、大きく分けて、人間関係、仕事、健康の3つの場面に関わるものを想定しています。

小さなミスで気が動転してしまった、好きな人に本音で話せない、ちょっとした外出ですぐに疲れてしまう……。

こうした、HSPが敏感さゆえに悩まされる15の「困ったこと」について、それぞれに解決策を紹介していきます。

暗記するくらい読み込んでいただけたら、もし、困った場面に遭遇することがあっても、あわてずに対処できるはずです。

1 人の気分に左右されやすい

自分と他人を区別する境界線が薄いのが、多くのHSPの特徴です。そのせいで、まわりの人の気分に影響されやすくなります。そばにいる人が落ち込んでいると、その影響を受けて、関係ないはずの自分まで落ち込んでしまい、その日1日、気分が沈んだままになってしまうこともあるのです。

どうすればいいの？

落ち込んでいる人には近づかないようにするなど、極力、接触を避けましょう。

どうしてもそばに行かなければならないときには、用件や話などに意識を集中して、相手のマイナスの感情に心を引っ張られないようにすることが重要です。心の持ちようを変えて、他人のマイナスの感情をブロックするのです。

会った人がたまたま落ち込んでいた場合には、その人のマイナスの感情をモロに受けてしまうでしょう。**このような場合は、その人と別れたあと、1人になれる場所へ行き、その嫌な気分を架空のゴミ箱に吐き出すのがおすすめです。これは「ライオンの吐き出し」という心理技法の1つです。**

まず、目の前に架空のゴミ箱があるとイメージし、前屈みになります。そしてライオンが吠えるときのように、思いきり舌を前に突き出し、マイナスの感情を一気に腹の底からウエーと声を出して、吐き出します。マイナスの気分が実際に吐き出されていくさまをしっかりとイメージしながら行うのがコツです。この方法は、マイナス感情の解消にとても効果があります。

また、人のマイナス感情に影響されるのは、境界線が薄いためです。**境界線の強化のためのイメージトレーニングを毎日5分ずつでも行いましょう。**目をつぶり、自分のまわりに境界線がめぐらされている場面をイメージし、その存在が感じられるようになるまで、練習をくりかえすのです。しだいに境界線を強く意識できるようになり、人と会っていても、強固な境界線で守られているのを感じられ、相手のマイナス感情をブロックできるようになります。これはアーロン博士おすすめの方法です。

2 大人数の飲み会や会合で、気おくれする

ＨＳＳをともなう外向型のＨＳＰなら、たくさんの人が集まる飲み会や会合でも楽しめますが、多くの内向型のＨＳＰは、このような場が大の苦手です。会場に入っただけで、大人数に圧倒されて、たちまち敏感なセンサーがより過敏に反応し出します。よく知らない人と軽い世間話などをするのはもともと不得意なうえに、神経が高ぶっているので、よけいに頭がまわらず、黙りがちになります。

結局は、隅のほうで１人ぽつんと、ぎこちなく立っていたりするのです。

どうすればいいの？

まず、どうしても行かなくてはいけない会合以外は、遠慮するというのも１つの手です。**ＨＳＰがラクに生きていくためにやめなければならないのは「頑張りすぎるこ**

と」「合わない環境に身をおくこと」「たくさんのことを抱え込むこと」でした。自分を消耗させるとわかっていて、かつ、断っても問題ないような会であれば、行かないという選択肢もありだということを認識しておきましょう。

そうはいっても、すべての会合や飲み会などを断るということは、なかなかできるものではありません。そのような場合は、話す内容をあらかじめ準備し、練習しておくのもよいでしょう。天気の話でも、世間を騒がせている話題でも構いません。

話のきっかけとなりそうなネタをしっかりと準備していき、当日、沈黙に陥りそうなときには、その話題を振ってみるのです。話のネタをきちんと準備できていれば、それを支えに、初対面の人とも落ち着いて話すことができるでしょう。

また、無理して「話さない」という選択肢もあります。ＨＳＰにはもともと聞き上手の人が多いので、にこやかな笑顔を浮かべ、相手の話にじっくり耳を傾けていれば、いつの間にか、まわりには多くの人が集まっているかもしれません。

苦手な会合のあとは、自分の安心できる場所で自分の心と体を休めることを忘れないようにしましょう。無理をしたと思ったら、それを取り返すようにしっかり休みを取ること。こうして、敏感すぎる自分のバランスを保つことが重要なのです。

3 予定変更にパニックになってしまう

予定を急に変更されたり、直前にキャンセルされたり、出かける前によりによって子どもが駄々をこねたり……。HSPは、予定外の出来事が苦手です。繊細な神経が異常に高ぶり、脳の血流が増え、頭がうまくまわらなくなってしまうからです。

どうすればいいの？

まずは、爆発しそうな感情や行動を抑える「タイムアウト法」と呼ばれる方法を実践しましょう。これは、自分の中で生まれる突発的な怒りの噴出を抑える方法として知られているのですが、動揺したときや混乱してしまって、心の中がパニック状態になりそうなときにも使うことができます。

突発的な興奮や動揺は、6秒間あれば収まるとされています。カッと頭に血が上ったら、深呼吸をしたり、その場から離れてトイレへ行くなどして、とにかく6秒間それを抑えるのです。これで心はしだいに落ち着いてきます。

また、より根本的な方法としては、**感情の記録を取ることがおすすめです。いつ、どのようなきっかけでパニックになってしまったか、どのような感情がわき上がったかなどを書き出すのです。**記録をつけているうちに、自分の心のパターンがわかり、自分の心の混乱の多くが、心の中にしみついた「べき思考」から生まれていることに気づくかもしれません。約束や予定は守るべき、といった考えが「べき思考」です。

心の中からわき出してくる「べき思考」を意識的にはずすようにふだんから心がけてみれば、「予定通り、約束通りにはいかないこともあるよね」といった柔軟で、寛容な見方もできるようになり、時間はかかるかもしれませんが、予定外の事態が起きても落ち着いて対応できるようになるでしょう。

ただ、パニック状態になりそうなときに「べき思考」をはずせと言われても無理な相談です。そうしたときはまずはタイムアウト法で突発的な感情の乱れを抑え、そのあとで「ライオンの吐き出し」（161ページ参照）で、マイナスの感情を吐き出しましょう。

4 まわりの人にHSPを理解されない

HSPは敏感すぎるゆえに疲れやすく、仕事でもプライベートでも無理がきかないことが多々あります。また、1人で静かに過ごす時間を確保しないと、具合が悪くなることも。

しかし、HSPの認知度が低い日本では、親しい家族や恋人、親友にさえも、その症状やつらさを理解してもらえず、怠け者だとか、つき合いが悪いとか思われてしまうことが多いようです。このことが、HSPの悩みをさらに深刻にしています。

どうすればいいの?

家族や恋人、親友など自分にとって大切な人には、自分がHSPであることを打ち明けるとよいでしょう。大事な人との関係をよりよいものにするためにも、カミングアウトは大切だと、私は考えています。カミングアウトを受けてはじめて、相手はあなたのふるまいが、ＨＳＰのためだったと知ることができるのです。

よりスムーズに理解してもらうためには、自分についての「取扱説明書（トリセツ）」を作成することがおすすめです。トリセツには、ＨＳＰとはどのようなものかを端的かつ、わかりやすくまとめておき、さらに自分の現状を踏まえた次の３つの要素をリストにします。**「①自分が困っていること」「②それに対して自分が行っていること」「③相手に行ってほしいこと」**です。③だけでなく、②があることで、相手にお願いするだけでなく、自分が状況改善のために努力していることも自然に伝えられます。

職場などでも、自分の敏感さゆえに体調を崩したり、仕事がうまく回らないようになっているときは、信頼できる上司や同僚にＨＳＰについて伝えるのがよいでしょう。そのときも、うまく伝えられるように自分のトリセツをつくってみるのがよいと思います。

全員に理解される必要はありません。プライベートでも仕事でも、１人でも周囲に理解者がいるだけで、状況は大きく変わるはずです。

5 友達が狭い範囲に少ししかいない

内向型のHSPは、一般的に非社交的で、外出もあまり好みません。そのため、友達も学生時代からの人や、せいぜい同じ職場の人に限られ、その数も少ないのが普通です。いろいろな人と積極的につき合い、多くの人たちと友情を築いていける人を見るにつけ、それができない自分にどことなく物足りなさや、引け目を感じているHSPも少なくありません。中には、そのことがコンプレックスになっているケースもあります。

どうすればいいの?

友達は多ければ多いほどいいというものではありません。

まず、**友達が少ない自分のことを認められていない気持ち、自分を責める気持ちを**

なくしていきましょう。

友達が多いほうがいいと考える人も多いようですが、あなたにあてはまるかは、わかりません。

もし友達が少なかったとしても、そのだれとも深い友情で結ばれ、おたがいを十分に理解し合っていれば、そのほうがHSPには向いています。

HSPの多くはいったん友達になると、深く、長く、誠実に、とことんつき合うことができるからです。つまり、その友情は何十年もの間、続く可能性もあるのです。ともに白髪が生える年齢になっても、おたがいを深く思いやり、助け合える、そんな友達が1人でもいれば、あなたの人生は有意義で、豊かなものになるはずです。

もし、自分の希望通り多くの友達をつくれたとしても、それが一過性のものだったりすれば、そのほうが、内的な世界を大事にするHSPにとっては、つらい気持ちになるでしょう。

あなたの人生にとって大切なものは、友達の数ではなく、友情の質なのです。

6 職場でまわりの目が気になる

ＨＳＰはだれもいない場所で、１人黙々と仕事をするのは得意ですが、神経が敏感なこともあって、職場などでは音や人の話し声などが気になって集中できないことが多く、だれかに自分の仕事ぶりを見られていると、必要以上に緊張してしまいます。

その結果、ミスが増え、仕事がなかなか片づかないまま、本来の力を発揮できずに「無能な人」という烙印《らくいん》を押されたりしかねません。

どうすればいいの？

外部の刺激を遮断する工夫をします。パーテーションで自分のデスクのまわりを囲んだり、デスクのまわりに観葉植物などを並べたり、好きな言葉をデスクまわりに貼りつけてみましょう。**物理的にも精神的にも他人が侵入できない「安全で安心できる**

空間」を、自分のやり方でつくり出すのです。

耳からの刺激をシャットアウトするには、耳栓やイヤホンなどが効果的です。職場によってはむずかしいかもしれませんが、イヤホンなどで集中できる音楽を聞きながら仕事を行えば、外からの音をシャットアウトするのと同時に、集中力を高めることもできます。

また、**自分の好きな感覚を取り入れることも、気持ちを落ち着かせ、集中力を高めるのには効果的です。**たとえば、やわらかな触感が好きな人であれば、ストレスボールなどと呼ばれるウレタン製のやさしい触り心地のボールを持ち歩くのもよいでしょう。自分の好きな触感のものを握れば、気持ちが落ち着いてくるはずです。

さらに、集中力がなくなって、仕事ができなくなるのは、神経が過敏なHSPに特有の、脳の疲労が関係している可能性もあります。そこで、**脳の疲労を解消して、集中力を高めるサプリメントの助けを借りるのもおすすめです。**コエンザイムQ10、マルチビタミン、DHA、EPAなどは脳に働きかけ、その疲労を和らげる効果が認められています。これらを試すのもよいでしょう。

7 小さなミスにもはげしく動揺する

小さなミスをしただけで、はげしく動転してしまい、気持ちを立て直すのに半日かかってしまう……。このようにパニックになって落ち込んでしまうパターンは、HSPによく見られます。そして、HSPは敏感で神経が高ぶりやすいため、すぐに頭に血が上ってしまうのです。そして、自信がない人では、小さなミスをしただけで、「ダメ人間だ」とばかりに自分のことを一気に全否定してしまいます。あとは、落ち込むばかり。前向きに考えようとしても、うまくいきません。

どうすればいいの?

小さなミスで自分を全否定する考え方は、思考のゆがみから生まれます。根本的な解決をするためには、このゆがみを正す必要がありますが、気が動転しているときに、そのようなことはできないでしょう。そこで、**はじめに気分を上げてから、ゆがみを正すのです。**

第3章でもお伝えした通り、より効果的で実践しやすいのは、思考よりも感情や感覚を変えることです。**まずは、その場で深呼吸して、気持ちを静めましょう。**深呼吸だけでは静められなかったら、トイレに駆け込んで目をつぶり、南の島のコバルトブルーの海など美しい景色をイメージしてもよいでしょう。

こうして**極度な高ぶりが収まったところで、今度は自己弁護にとりかかります。**

「あれは仕方なかった。時間がなさすぎて、あせってしまったせいだ。時間があればミスはしなかった」と、自分で自分を弁護しましょう。

これらのことを普通の人は日常の中でよくやっていますが、HSPはともすれば自分だけを責めてしまいがちです。でも、**自己弁護をすることで、「自分が悪い」という、嫌な感情を消し去る効果があります。**

そして、自分のよいところを見つけて、ほめるようにしましょう。「ミスはしたけれど、それ以外は、みんなうまくやった」と。こうして気分が上がったところではじめて、冷静に「ミス、イコール全否定はおかしい」と思考のゆがみを取るのです。

8 一度に複数のことができない

さまざまなことに敏感に反応するＨＳＰは、一度に多くのことをやらなければいけない状況になると、頭が混乱して、どこから手をつけたらいいのかわからなくなる傾向にあります。１つひとつ行えば簡単に終わらせられるような作業でも、一度に多くのことを抱えてしまうだけで、大きなストレスを感じ、パニック状態になってしまうのです。

どうすればいいの？

複数のことを一度に頼まれたら、「申し訳ないのですが、私は一度に複数の仕事を頼まれると混乱してしまうので、優先順位の高いものからお持ちいただけると幸いです」と、言うのがいいかもしれません。ただし、このような言い方をすると、「甘えたやつだ」と思う人もいるでしょうから、話をする相手は厳選する必要があります。気心の知れた同僚や、親身になってくれる先輩なら安心でしょう。

あなたのことをよく知っていて、能力を評価してくれている人であれば、一度に1つの仕事を依頼するよう心がけてくれるでしょうし、ほかの人に複数の仕事を頼まれているあなたに、なんらかのかたちで助け船を出してくれるかもしれません。

とはいえ、複数の仕事をいっぺんにこなさなければならない状況もあるでしょう。その場合は優先順位をつけて、その順位に従って、仕事を片づけていきましょう。

優先順位は「重要」と「緊急」という2つの要素から導きましょう。つまり、重要で、かつ緊急にすべき仕事を最優先にし、重要でもなく、迅速さも必要とされていない仕事を最後にまわします。さらに、重要ではないけれど、緊急にすますべき仕事を2番目に行い、重要だけれど、緊急でなくていい仕事を3番目に行うのです。どこから手をつけたらいいのかが、しっかり把握できていれば、パニックにならなくてすむはずです。

9 ミスが怖くて仕事に時間がかかる

小さなミスを恐れるあまり、何度もチェックして、仕事に時間がかかってしまうHSPも少なくありません。自分でもそこまでチェックしなくてもいいとわかっているけれど、確認しないではいられないのです。もともと、何事につけても慎重で、丁寧な仕事をするHSPです。そのうえ、対人関係のストレスが加わることで、このような傾向がいっそう強く現れると考えられます。いずれにしても、これでは、仕事が遅れてしまいがちで、自分もつらいし、周囲からも迷惑がられてしまいます。

どうすればいいの？

自分でも不合理だとわかっていながらも、不安で何度も戸締りを確認しないではいられなかったり、自分の手がたまらなく不潔に思えて、手を洗いつづけずにはいられなかったり……。このような症状を「強迫症状」といいます。強迫症状の治療では、症状と正反対のことをあえてやらせ、強迫の回路をとめるのです。つまり、戸締りの確認をしない、あえて手を洗わないといった練習をくりかえし行ってもらうのです。

ミスを恐れるあまり、仕事が遅くなってしまう人には、この治療法を応用できます。**「チェックは3回まで」と、自分の中できっぱりと決めて、線引きをし、それ以上はチェックしないのです。**不安でたまらないでしょうが、「ミスをしたって、クビになるわけではない!」と自分に言い聞かせ、上司にその仕事を提出しましょう。こうして毎回、練習のつもりでくりかえすうちに、少しずつ、完璧さへの過度なこだわりも薄れてきます。

なお、**事前に準備をしておくと、ミスを減らすこともできます。たとえば、新しい仕事にとりかかるたびに、間違いや、やり残しをチェックするためのチェックリストを自分用に作成しておくのです。**細かければ、細かいほどよいでしょう。このチェックリストにすべてチェックが入れば、1回のチェックでも安心できるはず。慎重で、仕事ぶりが丁寧なHSPにとって、この方法はミス防止に向いているでしょう。

10 仕事を頼まれると断れない

人から仕事を頼まれると、自分も時間に追われているのに、断ることができない……。ＨＳＰにはこのような傾向が多く見受けられます。断れば相手が気落ちするのがわかるし、良心的なので、つい引き受けてしまうのでしょう。このような仕事の仕方を続けることで、自分１人が苦労を背負い込むことになってしまいます。

どうすればいいの？

人のことばかり気にしていては「自分の人生を生きない」で「他人の人生を生きる」ことになります。自分のために生きるには、断りたいときは断ることです。

第３章で、ＨＳＰがやってはいけないことの１つに、「頑張りすぎること」がありました。人から頼まれた仕事を断れずに引き受けていては、仕事量を増やし、自らを頑張るしかない状況に追いつめてしまうことになります。でも断ることを覚えれば、頑張りすぎる場面を少しずつ減らし、やがて、やめることもできるでしょう。

断るときには相手が気分を害さないように、「私」を意識して話すことを心がけましょう。「私には無理だと思います」「私は今、ちょうど忙しくてできません」などと、私を中心においた言葉を使うことで、言外に「私の都合で、申し訳ございませんが」というニュアンスが伝わりますし、さらに「私はあなたにこうしてほしいです」という気持ちも伝わるわけです。これと反対の「あなたを中心にしたメッセージ」では、「あなたは私に対してこうすべきだ」というニュアンスが伝わり、角が立ちます。

また、日本人はとかく、引き受けるか断るかの二者択一で考えがちですが、ときには、白か黒かのどちらかしかないといった考え方をやめるのもよいでしょう。**白と黒の中間の落とし所を考えての「交渉」も選択肢の１つに入れておきたいものです。**

交渉する場合には、相手に仕事の量や期限を聞きます。無理そうに思えたら、「仕事量を半分にしてくれ」とか「期限を伸ばしてくれ」といった交渉をするのです。交渉が苦手な人の多いＨＳＰも、「白か黒か思考」や「全か無か思考」をやめて、柔軟な考え方を身につけるとよいでしょう。

11 好きな人に本音で話せない

恋人と一緒のとき、気になることがあっても言葉を飲み込んだり、言いたいことが言えなかったり……。繊細で相手の気持ちを敏感に読み取るHSPには、そんなことがよくあるかもしれません。「神経質なやつ」と思われたくなかったり、店を予約してくれた相手の気持ちを踏みにじるような気がして、つい、口をつぐんでしまうのでしょう。でも、自分を抑え込むことは、自分らしくふるまえないこととイコールです。このままつき合っていていいのか、いつかうまくいかなくなるのではと、不安になることもあるでしょう。

どうすればいいの？

本気でつき合っているのなら、その相手にはHSPであることをきちんと伝えたほうがいいでしょう。隠し事などないにこしたことはありませんし、HSPはあなたという人格の中核部分を占めているのです。それを隠してつき合うことは、相手に対しても不誠実ですし、あなたも相手に本音で話せない自分が切なくて、情けなくなるでしょう。相手といい関係を築きたいのなら、「カミングアウト」するのが正解です。

第3章でもお伝えしたように、HSPの自分と折り合いをつけて生きていくには、まずは自分自身を知ることが大切です。ということは、**あなたの大切な人が、あなたと生きていくためにもやはり、あなたという人間の本質を知ることが欠かせません。あなたがHSPであることを知る必要があるのです。**

HSPは5人に1人いるのですから、特別なことでもなんでもありませんし、「カミングアウト」という言葉自体が、大げさすぎるほどです。でも、相手はたぶん、はじめて耳にする言葉でしょうから、準備万端整えてカミングアウトにのぞむこと。

相手がきちんと理解できるように、167ページで説明した自分についての「トリセツ」を用意して、話をしてみてください。

もしも、勇気を出して話をして、相手が去ってしまったら、その程度の相手だということが、早めにわかってよかったと思いましょう。

12 眠れない、眠りが浅い

音や光に敏感に反応するＨＳＰもいます。そういう人は、小さな音や、かすかな明かりも気になって寝つけなくなったり、眠りが浅かったりします。また、仕事のプレッシャーや人間関係の悩みといった体の中からの刺激によっても、人間は睡眠を阻害されます。ストレスの耐性が低く、思い悩むことも多いＨＳＰは外側からの感覚刺激ばかりでなく、内側、すなわち脳からの刺激にもさらされやすいのです。このように、内と外との両方から挟み撃ちに遭って、眠れない夜を過ごすこともあるでしょう。

どうすればいいの？

音や光に敏感な人は、まず、できる限りそれらを遮断しましょう。ただし、音や光などを遮断できたからといって眠れるとは限りません。人間は、痛みや感情、思考、想像などの体の内からも刺激を受けているので、これらの刺激が過剰でも、やはり眠れなくなってしまうのです。

外からの刺激がこないように環境を整えると同時に行ってほしいのが、瞑想です。**寝る前などに瞑想を行うことで、内と外の刺激をともに遮断でき、心地よく眠りにつくことができるでしょう。**

瞑想にはさまざまなものがありますが、ここで、簡単な瞑想の一例を紹介しますので、ぜひ、試してみてください。

①　静かな場所で背筋を伸ばし、ラクな姿勢で座る。
②　ゆっくりと目を閉じる。
③　肺を空っぽにするように、息を吐ききる。
④　鼻からゆっくりと息を吸い込む（空気が全身にいきわたるイメージで）。

このとき、**雑念や体の内にある刺激に煩わされないように、自分の呼吸にだけ、意識を集中させるとよいでしょう。**頭と心から刺激がなくなるまで続けます。

病気で服用が必要な場合は別ですが、睡眠薬は依存性が強く、おすすめできません。できたら睡眠薬に頼らず、瞑想などで刺激を排除し、眠るようにしましょう。

13 人混みで疲労困憊する

騒音、不快なにおい、人いきれなど、五感への刺激で充満している雑踏は、敏感なHSPにとって苦手な場所の1つです。雑踏にいるだけで、ぐったり疲れて、体調を崩してしまったりします。雑踏から受ける刺激やストレスが、HSPの体に負担をかけることで、自律神経のバランスが崩れ、免疫力が低下することもあります。

どうすればいいの？

まずは、自分が人混みでは人一倍疲れやすい体質であることを、自覚しましょう。

そして、**混雑している場所をなるべく避けるようにします。やむをえず出かけなければならないときには、雑踏が発する刺激を遮断する「お守り」を用意するのです。**

お守りは、なんでも構いません。神社で購入したお守りでも、好きな本や写真でも、自分が納得できるものならいいのです。そして、それを持って出かけ、**人混みの中では、「この写真が雑踏の刺激から自分を守ってくれているんだ」などと、自己暗示をかけるのです。**もう少し高度なのが、お守りを使って行う「カプセル化」です。お守りに触ると、カプセルに入った自分の姿が浮かぶように、イメージトレーニングをします。これができるようになれば、雑踏の中でも、想像上のカプセルが不快な刺激からあなたを守ってくれるでしょう。

2015年のワールドカップで活躍したラグビーの五郎丸選手が行っていた「ルーティン」もあなたを守ってくれるかもしれません。五郎丸選手は試合中、ルーティンを行うことで安心感が得られ、いつも通りの動きができたのです。

まず、どんな動作でもいいので動きを決めます。胸に手をあてるなど簡単なものがよいでしょう。そして、「マイ・ルーティン」が決まったら、毎日かならず、たとえば、出かける前にその動作を行いながら、「これで私は守られる」などと唱えます。ルーティンとしてあなたの中で確立されるまで、最低でも3週間は続けましょう。

自分のルーティンが確立できたら、雑踏だけでなく、苦手な人に会うときなどにも、それを行います。安心感が広がり、動揺も抑えられるでしょう。

14 体調がすぐれない

食べ物に含まれる化学物質や刺激物、薬などに敏感に反応する人が、ＨＳＰの中には少なからずいます。防腐剤、人工甘味料、化学調味料などを含んだ食品を食べると、体がだるくなって、しばらく動けなくなったり、病院でもらった薬にさえ過剰に反応してしまう人もいるのです。しっかりと外からの刺激をブロックしているはずなのに、近頃、どうも体調がすぐれないと感じたら、それは、食べ物が原因かもしれません。

どうすればいいの？

現代社会は化学物質にあふれています。そのすべてを排除することは不可能ですが、心がけしだいで、大幅に減らせます。そこで食事の内容を1回、全面的に見直しましょう。多くのスナック菓子、清涼飲料水、コンビニなどで売られている一部のパンやお弁当などは、防腐剤をはじめ化学物質の「宝庫」です。こういったものに手を出さないだけでも、体の中に入る化学物質の量をかなり減らせます。

もちろん、人によって敏感になる対象は異なるので、化学物質が原因でない場合もあります。**どんな食事をしたときに自分が体調を崩しやすいかを認識して、可能性のある食事を遠ざける意識が大切です。**

薬にも注意しましょう。発達障害やトラウマ治療の専門家である杉山登志郎先生の臨床経験では、発達障害などを持つ人では、普通の人の10分の1の量でも薬が効く場合があると、明らかになっています。私の経験でいえば、**HSPの人は、非HSPの人よりも少量で薬が効くことが多いです。**薬でかえって体調が悪くなった気がしたときは、医師と相談して薬の量を減らしてみるのもよいかもしれません。

また、携帯電話など、大量の電磁波を発する器具には注意してください。原因不明の体調不良が続くのなら、電磁過敏症の可能性もあります。携帯電話ではイヤホンを使って通話すれば、電磁波を浴びる量は減少するといわれています。なんにせよ、**自分に悪影響を与えているものを見極め、その刺激をブロックすることが大切**です。

15 カウンセリングでラクになりたい

ＨＳＰは生まれ持った気質であって、病気ではありません。それでも、多くのＨＳＰが敏感すぎることから派生する生きづらさを抱えているのは事実で、中には、「カウンセリングを受ければ、もう少しラクに生きられるようになるのではないか」と、考えている人も少なくありません。

どうすればいいの？

カウンセラーは話を聞くプロ。あなたの話に静かに耳を傾け、「それはおかしい」などと批判したり、決めつけたり、否定したりすることはありませんし、逆に、憐《あわ》れんだり、見下したりもしません。「そのときの気持ちは？」「なぜそう思ったの？」と、ときどき口を挟みつつ、あなたの悩みや考えを冷静に評価して、解決策を見つけていく手伝いをしてくれるのです。そのため、カウンセラーに話を聞いてもらえるだけで、気持ちがずいぶんラクになり、自分のことをよく知ることもできるでしょう。

けれど、カウンセリングによって、本当の悩みに気づいたり、解決策を見つけるきっかけはつくれるかもしれませんが、それはあくまでもきっかけにすぎず、そのあとは自分自身の力で生きづらさを克服していくしかありません。厳しいことを言うようですが、**自分で決断し、自分で実践し、自分で道を切り開いて生きていくしかないのです。**

ちなみに、**昨今、患者さんたちだけで自分たちの問題を話し合い、解決法を模索する「当事者研究」という新しい手法が成果を上げています。**専門家の知識や技法も必要ですが、苦労を乗り越えてきた仲間たちの生活の知恵も、あなたを助けてくれるでしょう。この手法を応用し、HSPの友達とおたがいの悩みを話し合い、解決策を考えるのもよいのではないでしょうか。自分たちで問題を整理し、具体的な解決策を探っていくわけで、このような主体的な取り組みが、カウンセリング以上の効果を上げることも考えられます。実際、当事者でなければ思いつかないようなアイデアが、当事者研究ではちょくちょく出されているそうです。

第5章

あなたの身近な人が「とても敏感な人」だったら

ＨＳＰの「心のツボ」を把握しよう

あえて、ＨＳＰだと意識しすぎずに接する

これまでＨＳＰについてお話ししてきましたが、最終章の第5章では自分はＨＳＰではないけれど、家族や友人などまわりにＨＳＰの人がいる方々に向けて、ＨＳＰを理解するために必要な情報をお伝えしていきます。

ＨＳＰはとても敏感な人たちだし、少しでも無神経なふるまいをしたら疲れさせてしまうのではないか、向かい合って話をすることでなにを考えているのか読まれてしまったらどうしよう……など、ＨＳＰの友人や家族とどうつき合えばいいのか、わからなくなってしまった方もいるでしょう。

また、この本を手にしてくださった方の中には、ＨＳＣをお持ちの親御さんや、Ｈ

ＳＣを見ている先生もいらっしゃると思います。ここまで何度も、ＨＳＣは親などとの人間関係の中で、トラウマや愛着障害を抱えやすいというお話をしたので、子どもと向き合うことに不安を感じた方もいるでしょう。そこで、本章ではＨＳＣとどのように接し、育てればよいかもお伝えしていきます。

ＨＳＰという生まれ持った気質は、それ自体が病気ではありません。しかしＨＳＰの方は往々にして敏感すぎるために、心や体に負担がかかりすぎて病的な状態になることがあるのは事実です。ＨＳＰの人は体調や気分を崩しやすいということは、最低限、理解しておきましょう。ただ、あまりにもそれを意識しすぎるとのびのびと会話を楽しむことができませんし、ＨＳＰの人に気を使いすぎることが、ＨＳＰの人の負担になったり、ＨＳＰの人に悪影響を及ぼすこともあるので、「相手に気を使いすぎない」ように、程度を見極めながら関係を築いていきましょう。

「きっとあの人は、ＨＳＰだから」と意識しすぎるのではなく、でも、相手の体調や気分を考えながら、相手も自分も心地よいコミュニケーションをとることが、ＨＳＰの人とつき合ううえで重要だと、私は考えています。

理解と尊重が、よい関係づくりのポイント

ＨＳＰは数少ない人と深く、長くつき合うタイプで、幅広い人たちとの浅いつき合いは、基本的に苦手です。相手の心の内を知りたくなくても、敏感なセンサーで、相手の心を読んでしまうのがＨＳＰ。次々に入ってくる情報を知らず知らずのうちに分析しているのですから、さまざまな人と会って話をすることで、非ＨＳＰの人には想像がつかないほど疲れてしまうのです。

さらにＨＳＰは、他人から侵入されることを嫌います。境界線の意識が薄いがゆえに、他人のマイナスの感情に強く影響されたり、他人に振り回されたりして、つらい思いをしてきたＨＳＰも少なくありません。相手の気持ちに左右されて落ち込んだり、いじめられたり、頼られたり、利用されたり、裏切られたり……。

ＨＳＰの大半が、他人に過度に入り込まれたせいで、精神的に疲弊したり、トラブルに巻き込まれた経験を多かれ少なかれ持っています。敏感で疲れすぎるだけでなく、過去の苦い経験から警戒心が働くために、他者と親密になることへの恐怖心があるのです。友達が多くないのも、１つにはそのためでしょう。

HSPとつき合うときには、まずHSPのこういった気持ちを理解することが重要です。そして、そのうえでHSPの考えをできるだけ、尊重してあげるとよいでしょう。このことはどんな人間関係でも大切でしょうが、HSPにとってはとくに重要になります。**他者の気持ちを敏感に察知できるHSPは、相手が自分の気持ちを尊重してくれているということを感じられるだけで、安心できるからです。**

また、HSPの境界線の中に無理やり介入するような行為は、善意であってもできるだけ避けたほうがいいでしょう。こちらとしては親切のつもりでも、HSPにとっては「おせっかい」となり、負担になってしまうこともあります。

HSPは表面的な話をするのは苦手ですが、まだそれほど親しくない関係の人間から、いきなり人生論についての話題を向けられたら、それこそ境界線を越えられるような不快感を覚えることもあります。深い話については、親しい友人になってからの楽しみにして、それまでは、あたりさわりのない話題が喜ばれるでしょう。

どうでしょうか。以上のことはHSPとの関係に限ったことではなく、相手がだれであっても、守るべきエチケットでもあります。普通に接する中で、ただ少しだけ、HSPの抱える敏感さを意識するとよいでしょう。

HSPの心をラクにするつき合い方

HSPは「楽しくても疲れる」ということを知る

とにかく神経を使いすぎて、疲れてしまうのがHSPの特徴。

この特徴に配慮してあげると、HSPの心はかなりラクになるはずです。

ただ、常に「大丈夫？　疲れていない？」などと聞かれると、自分の疲れやすさが相手の負担になっているのではないかと、考えを巡らせてしまうのもHSPです。そのような質問をしても、おそらくHSPは「大丈夫」と答えて、ニコニコしているでしょう。

ときには言葉で直接聞くことも重要ですが、ふだんは**HSPの様子を注意深く見ることで、HSPが疲れていないかを確認し、疲れているようであれば、それとなく休**

ませてあげるとよいでしょう。外出先であれば、歩き回るのや、買い物をするのをいったんやめて喫茶店に入ったり、静かな公園などでひと休みする時間を取るのです。

一見すると疲れているように見えなくても、疲れやストレスを心の内に溜めてしまうことがあるのは、ＨＳＰも非ＨＳＰも同様です。

楽しすぎても、ＨＳＰは疲れてしまうことがあるということも知っておきましょう。ＨＳＰは、旅行や飲み会などを存分に楽しんだあとで、一気に体調を崩すこともあります。

以前、ＨＳＰの女性をあるお茶会に誘っ

たことがありました。仲間内だけの小さな会で、その場にいた人のほとんどがＨＳＰ。気が合う仲間での話は盛り上がり、彼女も非常に楽しそうに話していました。「先生、楽しかった！」と、帰っていったのですが、翌日、診察にやってきません。疲れすぎて、出かけられなくなってしまったというのです。しっかり休んだ翌日以降は疲れもとれて、普通に動くことができるようになったのですが、ＨＳＰ特有の疲れやすさを強く実感した出来事でした。

ＨＳＰは外部の刺激だけでなく、内側の刺激にも敏感に反応します。内側から生まれる刺激の中には、過去の記憶や未来の想像にともなう感情も含まれます。

私たちの体からは恐怖を感じたときにも、そして、楽しいときにも、ストレスホルモンのアドレナリンが出ます。ですから、**感情に敏感に反応するＨＳＰは、楽しみすぎても、アドレナリンが大量に分泌されて、疲れてしまうのです。**この点を知っておけば、さっきまでとても楽しそうに話をしていたＨＳＰの人が、家に帰って突然元気をなくしたり、寝込んでしまったとしても、「すごく楽しかったからこそ、疲れてしまったんだな」「限界を超えてシャットダウンしたんだな」と、相手の状況を自然に理解することができます。

その理解さえあれば、元気をなくしたＨＳＰの人のことを「気分屋だ」とか「勝手なやつだ」と誤解しなくてすみますし、自分がなにか悪いことをしたのではないかと、気に病んだり、悩むこともなくなり、自分自身もラクになるでしょう。

ＨＳＰの人には、あえてマイナスの感情を伝えたほうがいいときも

ＨＳＰはまわりの人の感情に非常に強く影響されます。そのため、もしあなたがイライラしていたり、腹を立てていたり、悲しみに沈んでいたりするときには、なるべく、ＨＳＰの前に姿を現さないほうがよいでしょう。

発達障害に関する勉強会に講師として出席したときのこと、会が終わると、１人のとても敏感なＨＳＰの女性がやってきて、「先生、なにを怒っていらしたんですか？私、ぐったり疲れちゃった」と、私に言ったことがありました。

その日はたしかに、勉強会に来る前に大きなトラブルが起きていました。それで心穏やかな状態でなかったのはたしかです。ただ、そのことを勉強会ではおくびにも出さなかったつもりでしたが、敏感な彼女には悟られてしまったのです。しかも、「ぐ

ったり疲れちゃった」と。私の心の内にあったイライラというマイナス感情に、彼女は強く影響されてしまい、疲れてしまったわけです。

ＨＳＰは他人の心に非常に敏感なので、できるだけ自分の心の中にマイナスの感情がない状態でＨＳＰに会うのがよいでしょう。どうしてもそれができない場合は、冒頭でも述べたように、そのような日はできるだけＨＳＰの前に姿を現さないか、会ったとしても用事を短時間ですませるなど、一緒にいる時間を短くします。

ただ、家族にＨＳＰがいる場合は、マイナス感情を持ち込まないというわけにはいきません。

たとえば、上司に厳しく叱責された日には、胸の中ではマイナス感情が渦巻いているはずで、それをまったくのゼロにして帰宅するなどということは、人間である以上、不可能でしょう。そういうときには、正直にそのことをＨＳＰに話すとよいでしょう。

たとえば、「今日、上司に叱られちゃって、悔しくて。ごめんね、不機嫌な顔していて……」と、ありのままに話しておくのです。

なんの説明もなく、ブスッとされたり、無理して明るくふるまわれたりしたら、非

ＨＳＰであっても気にかかりますし、不愉快にもなります。ましてやＨＳＰなら、非ＨＳＰ以上に敏感に反応して、感情が波立ち、神経が高ぶってくるでしょう。

不機嫌の理由をきちんと説明すれば、人の気持ちが読めるＨＳＰなら、あなたが愚痴を聞いてほしいのか、それとも、そっとしておいてほしいのかを瞬時に判断して、それに従って行動をとってくれるでしょう。

いずれにしても、家族にＨＳＰがいる、いないにかかわらず、自分のマイナス感情をそのままむき出しにするのはルール違反です。親しき仲にも礼儀ありで、不機嫌だったり、悲しみに沈んでいたりするときには、「ちょっと嫌なことがあって、沈んでいるけど、すぐに立ち直るから。ごめんね」などというひと言があってしかるべきでしょう。

マイナスの感情が、ＨＳＰにとって悪影響を及ぼすのと対照的に、プラスの感情はＨＳＰを喜ばせることができます。あなたのやさしさ、温かさ、穏やかさといったものは、高ぶりやすいＨＳＰの神経を和らげ、癒やすことになるでしょう。

HSCの育て方

周囲の環境しだいで、敏感さは「よい方向」に持っていける

内的な世界を大切にし、感受性が豊かなHSCたちは、豊かな内面世界を持った、敏感で賢い子たちです。

しかし、HSCたちには、家庭、学校、地域、社会と幾重にも厳しすぎる環境が待ち構えていて、自分らしさを受け入れて豊かに育つことが本当にむずかしいのです。

ですが、HSCであることを理解し受け入れてくれる親や先生などがいれば、厳しい人生の中にも居場所や仲間ができ、敏感すぎる自分を肯定して生きることができます。

ところが、悲しいことに、HSCの敏感さを十分に理解できない親や先生が多いことも、また事実です。そのような親や先生のもとでは、子どもは豊かな内面世界や、

直観力などを伸ばすことなく、それどころか、自らそれらを否定し、自分らしさを封印して大人になるのです。そして、彼らは大人になってからもずっと、生きづらさの中で生きることになります。

ＨＳＣが、その敏感さをよい方向に伸ばし、「武器」にできるようにするには、親や先生のＨＳＣへの理解が不可欠だと、私は考えています。

ＨＳＣの敏感さに関する理解がなければ、親や先生にとってＨＳＣは「とても育てにくい子」に感じられます。小さなことを気にしてグズったり、ほかの子どもは問題なくできることに抵抗を感じたり、人見知りや引っ込み思案で幼稚園や保育園、小学校で友達がなかなかできなかったり……。そうかと思えば、突然大人でも気づかないような、勘の鋭いことを言い出したり……。

このような子は親や先生からすると、ふだんはおどおどしているのに、ふとしたときに親がギョッとするような鋭いことを言う「少し扱いにくい子」に思えてしまうでしょう。

そのような大人の心の動きや気持ちを敏感に感じ取ってしまうのが、ＨＳＣです。

幼い子どもは、いまだ自我というものが弱いので、親や先生の中に渦巻く、自分に対するマイナス感情がどんどん自分の中に入ってきます。つまり、大人の心を反映するかのように、自分は面倒な子、ダメな子、愛される資格のない子……といった思いが幼い心に入り込み、やがて、それらはしっかりと定着してしまうのです。

「この子、少し神経質かな」「敏感かな」と親や先生の目から見て感じたら、HSCの可能性があります。**HSCは生まれ持った気質なのですから、神経質で、敏感なのも生まれつきです。その気質を決して否定せず、それを長所ととらえて、子どもの敏感さに目を細めるぐらいの気持ちで、子育てを楽しみましょう。**一緒に遊ぶときも面倒くさがらずに、子どもの中の敏感さと、とことんつき合うのです。

あるHSCの男の子は、自分の心の中にある空想の世界で遊ぶのが大好きです。彼は「今日はお城へ遊びに行ったよ。椅子がね、こんなんなの」と言いながら、ロココ風のクラシカルな椅子を描いて見せてくれたりするのです。そして、「外では馬車が走っているんだよ」と、また絵を描きながらお話を続けます。

男の子のお母さんは、その子の話をいつも楽しそうに聞いてやったそうです。「つくり話をしちゃダメ！」「いつまでそんな夢みたいなこと言っているの！」などと叱ることは1度としてありませんでした。

やさしくて、ＨＳＣの特性を理解していたお母さんのおかげで、夢見がちだったこの子はやさしくて、思いやりのある大人に育ち、今はイラストレーターとして活躍しています。

ただ、男の子のお父さんのほうは、軟弱に思える息子のことが心配でたまらなかったのでしょう。「男のくせに家にばかりいて、わけのわからない話ばかりするんじゃないぞ」と、子どもかわいさに叱責したこともあるそうです。

涙を浮かべてうなだれている息子を「いいのよ、お父さんには私が話してあげるからね」といって、抱きしめたのはお母さんでした。そして、息子が豊かなイマジネーションにめぐまれていること、感じやすくていろいろなことに気づくことなどを、ことあるごとに夫に話し、最後には夫にもＨＳＣの息子のことを理解させることに成功したそうです。

親の片方、学校であれば１人の先生でも、ＨＳＣを理解してあげられれば、ＨＳＣは救われます。そばにいるだれかがＨＳＣに理解があれば、子どものことを理解できないでいる人たちと、子どもとの間の橋渡しをする役割を果たせるのです。

まわりにいる大人しだいで、ＨＳＣは敏感でシャイだけれど、とてもやさしくて感受性の豊かな素敵な大人になっていくのです。

ピリピリした空気、支配したい思いは、絶対にＮＧ

親や先生は子どもをかわいがって大事に育てるものです。

でも、かわいがりながらも、子どもを自分の所有物と見なし、自分でも気づかないうちに子どもへの支配欲を持ってしまう場合も少なくありません。その結果、親や先生に気を使い大人しくしている子どもを、しつけというかたちで支配してしまうことがあります。これは、「やさしい虐待」と呼ばれることがあります。そして、**親や先**

生の支配欲こそが、敏感なＨＳＣを萎縮させ、自我の確立を阻害し、精神的な自立を阻み、さまざまな問題を抱えた生きづらい大人へと追いやってしまうのです。

とはいえ、親や先生の支配欲もわからないではありません。お腹を痛めて産んだ子どもですし、学校で預かった大切な子どもですから、どうしても所有物と思いがちでしょうし、所有物という意識がどこかにあれば、自分の思い通りに支配したくなってしまうのです。

また、子どものために身を粉にして働いているという意識もあるでしょう。「守り、育てているのは、この自分」という意識もまた、子どもへの支配欲につながります。

そして悪いことに、多くの場合、本人たちは自分の支配欲に気づいていないのです。けれど、親や先生による支配は、幼いＨＳＣには決定的な傷を心に残すことがよくあります。

親の子どもへの支配にはいろいろなタイプがありますが、子どもに対して絶対権力者としてふるまってしまうタイプは、その典型でしょう。口答えは許さず、すべて自分の言うことに従わせ、子どもを自分の思い通りに動かそうとします。

また、一見、ソフトに見える支配の仕方もあります。「いい子にしていたら、〇〇れも支配です。

を買ってあげる」といった、いい子でいることと引き換えに「報酬」を与えるやり方です。ご褒美を与えることで、子どもの心を操り、従わせようとするのですから、これも支配です。

さらに、自分が間違いを犯しても、それを認めずに子どものせいにするという、どことなく子どもじみた支配もあります。自分の思い違いであることや、自分に非があることを認めることは、親や教師の沽券《こけん》に関わるとでも思っているのでしょう。そういう人たちは、「悪いのは子ども」で押し通します。このような理不尽なことをしてしまうのも、自分が支配者だという思い上がりがあるためです。

支配する者とされる者が近くにいれば、その緊張関係によってピリピリとした空気が流れないわけがありませんし、そして、敏感なＨＳＣがその張りつめた空気を感じ取らないはずがないのです。

ピリピリした空気を感じ取った子どもは怯えて、緊張し、萎縮してしまいます。神経は高ぶり、ストレスホルモンのアドレナリンやコルチゾールが体内で分泌されつづけることになるのです。

大らかな子どもなら、ピリピリした空気を感じ取らないだろうし、したがって、神経を高ぶらせることもないでしょう。そもそも、そういう子どもは小さくても、支配的な親や先生に対しては反発しますし、支配をかいくぐって、いたずらをしたりもします。

それができなくて我慢してしまうのが、HSCです。それだけ気弱なところがあるのです。

支配するということは、子どもを所有物と見なしていること、つまり、子どもの人格を認めていないことにほかなりません。そのような親や先生に育てられれば、アドレナリンやコルチゾールが分泌されつづけるだけでなく、すでに述べたように、いまだ自我が確立できていない子どもの心の中に、親や先生の子どもに対するマイナスの感情がどんどん入り込んできてしまうのです。

そして、自己肯定もできず、自信もなく、自我も育たないというコースをたどることになります。

そういう子の中には、人のためには泣けても、自分のためには泣けない子もいます。自分をどこかに置き去りにしてしまっているためです。自我が育たないということは、人の心にこのように痛ましい状態をつくり出すのです。

親や先生は注意していないと、知らず知らずのうちに子どもを支配下におこうとするようになります。子どもを守り、食べさせているのは自分、子どもをしつけ、教育しているのも自分……。そんな押しつけがましい気持ちが少しでも芽生えたときは、要注意です。子どもは自分の所有物ではないこと、小さくても、未熟でも、1人の人間であることを、常に心に刻んでおきたいものです。

「自分育て」の感覚を持つと、子育てがラクになる

HSCは「育てづらい」と言われることがあります。それはそうでしょう。単純明快で、元気いっぱい外を駆け回り、嫌なことは「嫌だ」と駄々をこねる子のほうが、わかりやすいことは間違いありません。

そういった子どものかわいらしさも格別でしょうが、**HSCの持っている、ひと筋縄ではいかない複雑さや敏感さ、そして豊かな想像力や直観力は、大人と子どもという世代の違いを超えて引きつけられる魅力だと思います。**

「子育ては自分育て」といわれます。子育てという経験を通して、親や先生も子どもと一緒に成長させられるというわけですが、子どもがHSCの場合、親や先生は、普

通とはかなり違う経験ができるのではないでしょうか。

HSCは、昨日の夕焼けの色と今日の夕焼けの色の違いを教えてくれたり、想像上の不思議な存在の話をしてくれたりするかもしれません。「メガネ、どこへおいたかな?」と思っただけなのに、持ってきてくれたりすることもあるでしょう。そして、親が「なんでわかったの?」と聞く前に、「ママが目をほそめて、そのあと、キョロキョロしてたから、メガネ持ってきたよ」と、言ってくれるのが、HSCなのです。

HSCは子どもなのに、味にうるさかったりして、ときにはムッとさせられるかもしれません。

「この唐揚げ、ちょっと油の変なにおいがするね」

「この天つゆの味、ぼく、あんまり好きじゃないなあ。替えた?」

大人顔負けのそんな台詞を言うのも、五感に敏感なHSCならではでしょう。このようなHSCの細かさにイラッとすることもあるでしょう。**1対1の人間として怒りを感じることは、親であっても、先生であってもまったく問題ありません。沽券がどうのこうのとか、「食べさせてやっているのに、生意気な」というような子どもに対する「支配」の感情がなければ、なにを思おうが問題ないのです。**

ただ、できたら子どもの味覚の鋭さに感心できる親や先生でいるほうが、楽しいはずです。敏感な子どもの特徴を受け入れて、しかもそれに感心したり、楽しむことができたら、「私も見習って、もっと味を意識して食べようかな」と思うこともできますし、「二度とまずいと言わせないように、料理の腕をもっと磨いてやろう」と、それこそ子どもに育ててもらうことだってできるでしょう。

ところで、親や先生が子育てに一生懸命になりすぎると、家や学校にピリピリした空気が流れます。ＨＳＣたちはそのような空気を敏感に感じ取ります。子育てはひと筋縄ではいかないことが多く、イライラすることも少なくないと思います。そんなときは、お母さんもお父さんも先生も、「立派な親」「立派な先生」を休んでいいのです。**親や先生が無理をしすぎないことは、敏感な子どもにストレスをかけないために非常に重要です。**

ＨＳＣの細やかなやさしさを、家庭や学校の中で輝かせるために

ＨＳＣは家族やクラスの危機をいち早く感じ取り、しかも、その中で「調停役」と

して活躍してくれることが、多々あります。

良心的で、やさしいHSCは、家族や学校にいる仲間たちに対してもきめ細やかな愛情を持って接していることでしょう。年下の妹や友達をむやみやたらにいじめることもないし、お兄ちゃんの大事にしているおもちゃを横取りすることもしません。この点だけでも、調停役の条件をクリアしているといえます。

そして、HSCは人一倍感受性が鋭く、そのため家族や友達1人ひとりの寂しさや悲しさ、口惜しさといった感情にいち早く気づくことができるのです。

「あっ、パパがあんなこと言ったから、ママ、悲しそう……」などと気をもんだりし、お父さんや友達が不機嫌そうな顔をしていれば、それもすぐにわかります。非HSCのお兄ちゃんも妹も、ほかの友達も全然気づいていないことに、HSCはすぐに気づいてしまうのです。

両親や友達がケンカしていたり、両親や友達の間に不穏な空気が流れていれば、HSCは、それに気づくだけでなく、2人の仲をとりもとうとします。お父さんとお母さんや友達を仲直りさせたくて、ケンカしている2人の間に立ち、2人の手をとって、握らせたりするのです。これは、実際に私が診療で出会ったHSCの子が行っていたことです。

いかがでしょうか。ＨＳＣには、敏感さゆえのむずかしさがありますが、それ以上に素敵な魅力がたくさんあることを存分に知っていただけたことと思います。

ＨＳＣが、そのよさを伸ばして生きていくためには、親や先生の理解と肯定が不可欠です。ＨＳＣの敏感さや感覚の鋭さ、内面世界の豊かさ、そして、「育てにくさ」もすべて肯定的にとらえてあげてください。

ＨＳＣは、臆病で、引っ込み思案、恥ずかしがり屋さんで、雑踏が苦手で、音に敏感かもしれませんが、それもその子だけの大事な個性なのです。無理に変えようとせず、大事にしてあげてください。

また、活発で好奇心旺盛なＨＳＳ型のＨＳＣもいます。社交的なので一見してＨＳＣには見えないかもしれませんが、敏感すぎる気質が隠れています。元気があってやさしくて楽しい子どもなのに、疲れやすくてイライラしやすく、感情がはげしくて気むずかしいのなら、元気さの陰に隠れたＨＳＣのせいなのかもしれません。

両親や家族や先生から認められて育ったＨＳＣは、将来、きっとその敏感さを長所として生かせる立派な大人になるでしょう。

おわりに

最後までおつき合いいただき、ありがとうございました。

第5章まで読み終わった今、あなたは自分を、あるいは、あの人をＨＳＰだと確信したでしょうか。これまでの自分やその人の苦労や生きづらさの原因がつかめたでしょうか。まだ判然としないし、どうしたらよいかわからない方のために、ＨＳＰについてもう一度おさらいをして、本書を締めくくることにしましょう。

人間の脳や神経を刺激するのは、視覚、聴覚、触覚、味覚、嗅覚といった五感から入るものだけではありません。内臓感覚や体性感覚などの身体内部からの刺激や、磁場感覚や周波数感覚、予感や直観、第六感、霊感などの超感覚、そして、夢や空想、想像といった脳内のイメージなどもあります。こういった刺激のすべてがＨＳＰの敏感さの対象になりえます。そして、ごく些細な刺激であっても、ＨＳＰはそれらを鋭敏に感じ取って、自律神経を動揺させ、内臓や筋肉に変化が生じ、それが大脳辺縁系の神経系を介して大脳皮質に伝わり、情動や感情として意識されるのです。

ＨＳＰのこのような敏感さは生まれ持った気質であり、その敏感さゆえに、ＨＳＰの多くが疲れやすさや生きづらさを覚え、非ＨＳＰのように普通にできない自分を肯定的にとらえられずに育ちます。**この自己否定の多くは、幼い頃に「安全・安心でいられる居場所（安全基地）」を持たなかったことに、その原因を求められるでしょう。**

ＨＳＰの敏感さから生じる言動は、親や先生など、本来なら安心して心をゆだねられるはずの身近な大人たちにさえ理解されず、ややもすると、煩わしいものとして感じられがちです。そのため、ＨＳＣの多くは、豊かな感情や鋭い感性というすばらしい特質を、うとましいもの、邪魔なもの、劣ったものとして見なすようになり、その結果、それらを自ら抑圧してしまうのです。

それは、敏感な子どもたちが親の愛情を得て生きていこうとするための無意識の自己防衛反応なのでしょう。けれど、それはあるがままの自分の性質を否定することであり、つまりは、自己否定にほかなりません。

多くの親や先生には、ＨＳＣのさまざまな自己防衛反応についての知識や理解がありません。そのため、ＨＳＣの豊かな精神世界や、トラウマ、マイナス感情の渦巻く内面世界が大人たちには見えていないのです。

このような子どもの頃に形成された自己防衛反応のパターンは、大人になっても根本的には変わりません。社会は子どもの頃と同様に、鈍感な人たちで占められていて、彼らにはHSPは理解されづらく、疎外感を覚え、劣等感にさいなまれることも多いでしょう。このような状態では自己肯定感は得られず、そして、HSPの生きづらさの底には常に、このような「自己肯定できない自分」が横たわっているのです。

でも、絶望することはありません。**HSPのすばらしい特性を温存して、疲れやすさや生きづらさを解消することは可能です。そのためには、自分と他人を区別する境界線を強固にして、自分を否定し脅かすものからしっかりと自分を守ること、そして、さらに、自分軸を立て、他人より自分を優先することです。**生きづらさを感じ、劣等感にさいなまれ、たくさんの心の傷を受けてきた幼いときの自分の心（インナーチャイルド）の存在に気づき、その声を聞き、受け入れ、望みを聞いて満たしてあげることです。

たくさんのつらい経験からあなたは人間の悪・闇・影を学び、人の心の悲しみ、苦しみを知ったでしょう。そして、そのことがあなたの内面に善・光・愛をもたらし、より深みのある、より複雑で、より豊かな内面世界を育んできたはずです。そう思えば、過去のつらい経験も人生の糧として肯定的にとらえることができるでしょう。

敏感さは、芸術家や科学者に欠かせない豊かなイマジネーションや鋭い感性、インスピレーション、ひらめきといったものを生み出し、癒しをもたらす源泉となります。

日常的な場面でも、HSPの特性は人間関係における「潤滑油」となり、その場の空気を読み取り、人の気持ちを察して、細かく気を配り、動くことができるのがHSPです。また、企業の中でも、HSPの鋭い直観力と丁寧な仕事ぶりは、失敗を防ぐために欠かせない資質でもあるのです。

このような有能さに加え、豊かな内面世界を有するHSPは、謙虚で誠実で、内向的ゆえに、落ち着いた静けさをたたえてもいます。

これが、HSPであるあなた本来の本当の姿なのです。そんな自分を成長させるためには、**自分の強みを伸ばし、弱いところは、人に助けを求めること。**それこそが自立した生き方だと思います。この私の意見に少しでも賛同していただけたとしたら、あなたはじきに、「自分を好きになっている自分」に気づくはずです。

ＨＳＰをより詳しく知るためにおすすめの書籍

『敏感すぎて困っている自分の対処法』苑田純子／著、高田明和／監修（きこ書房）
『子供の心の悩みと向き合う本』森津純子／著（ベストセラーズ）
『わが子が育てづらいと感じたときに読む本』南山みどり／著、池川明／監修（ビジネス社）
『「気にしすぎてうまくいかない」がなくなる本』大嶋信頼／著（あさ出版）
『その苦しみはあなたのものでない』大嶋信頼／著（青山ライフ出版）
『ＨＳＣの子育てハッピーアドバイス』明橋大二／著（１万年堂出版）
『ＨＳＣを守りたい』斎藤暁子／著（風鳴舎）

参考文献・出典

『ささいなことにもすぐに「動揺」してしまうあなたへ。』エレイン・N・アーロン／著（ソフトバンククリエイティブ）
『敏感すぎてすぐ「恋」に動揺してしまうあなたへ。』エレイン・N・アーロン／著（講談社）
『敏感すぎて困っている自分の対処法』苑田純子／著、高田明和／監修（きこ書房）
『活かそう！　発達障害脳「いいところを伸ばす」は治療です。』長沼睦雄／著（花風社）
『内向型人間の時代　社会を変える静かな人の力』スーザン・ケイン／著（講談社）
『愛着障害　子ども時代を引きずる人々』岡田尊司／著（光文社）
『エンパシー　共感力のスイッチをオン／オフしよう』ローズ・ローズトゥリー／著（ヴォイス）
『繊細で生きにくいあなたへ』T・ゼフ／著（講談社）
『インディゴ・チルドレン　新しい子どもたちの登場』ジャン・トーバー、リー・キャロル／編（ナチュラルスピリット）
『愛は脳を活性化する』松本元／著（岩波書店）
『嫌われる勇気　自己啓発の源流「アドラー」の教え』岸見一郎・古賀史健／共著（ダイヤモンド社）
『自閉っ子、こういう風にできてます！』ニキリンコ、藤家寛子／共著（花風社）
『子供の心の悩みと向き合う本』森津純子／著（ベストセラーズ）

本書は、『「敏感すぎる自分」を好きになれる本』（小社刊／２０１６年）を
新書化にあたり、加筆、修正の上、再編集したものです。

青春新書 PLAYBOOKS

人生を自由自在に活動《プレイ》する

人生の活動源として

いま要求される新しい気運は、最も現実的な生々しい時代に吐息する大衆の活力と活動源である。

文明はすべてを合理化し、自主的精神はますます衰退に瀕し、自由は奪われようとしている今日、プレイブックスに課せられた役割と必要は広く新鮮な願いとなろう。

いわゆる知識人にもとめる書物は数多く窺うまでもない。

本刊行は、在来の観念類型を打破し、謂わば現代生活の機能に即する潤滑油として、逞しい生命を吹込もうとするものである。

われわれの現状は、埃りと騒音に紛れ、雑踏に苛まれ、あくせく追われる仕事に、日々の不安は健全な精神生活を妨げる圧迫感となり、まさに現実はストレス症状を呈している。

プレイブックスは、それらすべてのうっ積を吹きとばし、自由闊達な活動力を培養し、勇気と自信を生みだす最も楽しいシリーズたらんことを、われわれは鋭意貫かんとするものである。

―創始者のことば― 小澤和一

著者紹介
長沼睦雄〈ながぬま むつお〉
昭和31年、甲府市生まれ。北海道大学医学部卒業後、脳外科研修を経て神経内科を専攻。北大大学院にて神経生化学の基礎研究を修了後、障害児医療分野に転向。道立札幌療育センターにて14年間小児精神科医として勤務。平成20年より道立緑ヶ丘病院精神科に勤務し、小児と成人の診療を行ったのち、平成28年に十勝むつみのクリニックを開院。HSC/HSP、神経発達症、発達性トラウマ、アダルトチルドレンなどの治療に専念し、脳と心と体と魂を一元的に診る統合医療を目指している。『気にしすぎる自分がラクになる本』(小社刊)など著書多数。

「敏感《びんかん》すぎる自分《じぶん》」を好《す》きになれる本《ほん》 青春新書 PLAYBOOKS
2020年1月25日　第1刷

著　者　長沼睦雄《ながぬまむつお》

発行者　小澤源太郎

責任編集　株式会社プライム涌光
電話　編集部　03(3203)2850

発行所　東京都新宿区若松町12番1号 〒162-0056　株式会社青春出版社
電話　営業部　03(3207)1916　振替番号　00190-7-98602

印刷・図書印刷　製本・フォーネット社

ISBN978-4-413-21156-7